Hans Günther Zempelin

Des Teufels Kadett

Hans Günther Zempelin

Des Teufels Kadett

Napola-Schüler von 1936 bis 1943
Gespräch mit einem Freund

2., unveränderte Auflage 2001

Ute von Herrmann

Juli 2001

R. G. Fischer Verlag

Die Deutsche Bibliothek – CIP-Einheitsaufnahme
Ein Titeldatensatz für diese Publikation ist bei
Der Deutschen Bibliothek erhältlich

2., unveränderte Auflage 2001
© 2000 by R. G. Fischer Verlag
Orber Str. 30, D-60386 Frankfurt / Main
Alle Rechte vorbehalten
Schriftart: Palatino 11˙
Herstellung: Satz*Atelier* Cavlar / LO
Printed in Germany
ISBN 3-8301-0042-6

Inhaltsverzeichnis

In those days the indoctrination of children
with a love of their homeland (USA) began
at the age of six and continued daily for the
next twelve years. I have often thought
back on that simpler time and concluded that
it is better for the child to have some strong
moral and social beliefs rather than none at
all, even though the indoctrination may have
been chauvinistic, needless or even erroneous.
Later he can correct error, but if he has
allegiance to nothing he has nothing to work
on in his later reeducation.

James A. Michener

Nur diejenigen vermögen die Wahrheit zu
erkennen, die sich von den Gewohnheiten ihrer
Kindheit losgemacht haben. Es bedarf besonde-
rer Anstrengungen, um die Eindrücke solcher
Gewohnheiten zu überwinden und die falschen
Ideen auszumerzen, mit denen der Geist des
Menschen sich anfüllt, bevor er fähig ist, die
Dinge an sich zu begreifen.

Spinoza

Vorwort

Diese Schrift ist auf der Grundlage von Gesprächen mit meinem Freund Walter Sper entstanden, die in seinem Haus im
Jahr 1996 auf Videoband aufgezeichnet wurden. Ohne seine
Initiative, seine Überzeugungskraft und seine Beharrlichkeit
wären die Aufzeichnungen nicht zustande gekommen. Ohne
seine Kenntnis der Geschichte des Dritten Reiches und ohne
seinen Drang zur historischen Wahrheit hätte ich das kritische
Bild meiner Jugend so nicht nachzeichnen können. Walter Sper
verstarb nach langer Krankheit wenige Monate nach unserem
letzten Gespräch.

Entgegen anfänglichen Bedenken, habe ich die Gesprächsform beibehalten. Sie gestattet nicht nur eine der lebendigen Rede angepasste Sprache, sondern erlaubt auch eine Behandlung des Stoffes in nicht streng systematischer Gliederung. Das Erlebte kann unmittelbarer und farbiger dargestellt werden. Ein Wechsel von allgemeinen Betrachtungen zur Darstellung im Detail ist leichter möglich.

In den ersten drei Jahrzehnten nach dem Zweiten Weltkrieg sind meines Wissens nur zwei umfangreichere Abhandlungen über die Nationalpolitischen Erziehungsanstalten des Dritten Reiches erschienen. Daneben wurden diese Schulen in einigen allgemeinen Darstellungen der Epoche oder in speziellen Abhandlungen über die damalige Schulpolitik erwähnt. Das Literaturverzeichnis im Anhang, das keinen Anspruch auf Vollständigkeit erhebt, nennt Beispiele.

In den vergangenen vier Jahren sind einige Bücher und kleinere Schriften, fast durchweg von ehemaligen Schülern verfasst, erschienen. Es stellt sich also die Frage, ob eine weitere Schrift einen nützlichen Beitrag zu den Zeitzeugnissen des Geschehens in Deutschland zwischen 1933 und 1945 leisten kann. Nach kritischen Gesprächen, vor allem mit Angehörigen der jüngeren Generation, habe ich die Frage bejaht. Was meines Wissens fehlt, sind Schilderungen eines Ehemaligen, der eine Napola von der Sexta bis zum Kriegsabitur besucht hat und der nicht nur über Erinnerungen aus den Anfangsjahren der Anstalten in der Vorkriegszeit verfügt, sondern auch über schriftliche Unterlagen, die einen fundierten Einblick in die weltanschauliche Schulung in einer Napola geben. Viele der in letzter Zeit veröffentlichten Berichte stammen von ehemaligen Schülern, die eine Napola nur in den unteren Klassen und meistens erst in den letzten Kriegsjahren besucht haben. Da hat manches wenig Ähnlichkeit mit dem Leben in einer preußischen Napola der dreißiger Jahre.

Dieser Unterschied lässt sich einfach erklären. Die älteren Schüler der in den Jahren 1933 bis 1935 entstandenen Napolas traten in einem Alter zwischen etwa 14 und 18 Jahren in ihre Napola ein. Viele von ihnen kamen aus der Bündischen Jugend oder anderen demokratischen Jugendorganisationen der Weimarer Republik und waren natürlich von deren Idealen beeinflusst. Das hatte Auswirkungen auf den Korpsgeist einer Napola, der, wie in jedem Internat, von den oberen Klassen mit geprägt wird. Dagegen kannten ältere Schüler, die nach 1939 in eine neue Napola eintraten, aus eigenem Jugenderleben nichts anderes als die Hitler Jugend. – Das gilt übrigens mutatis mutandis auch für einen Teil der Erzieher.

Die vorliegende Darstellung will keinen wissenschaftlichen Ansprüchen genügen. Ihr Ziel ist vielmehr, aus im Gedächtnis haften gebliebenen Eindrücken sowie einzelnen Erlebnissen ein lebendiges Bild vom Leben in einer Napola zu zeichnen und zugleich den Versuch einer kritischen Bewertung zu wagen. Schon an dieser Stelle muss ich darauf hinweisen, dass die Nationalpolitischen Erziehungsanstalten zwar nach einheitlichen Richtlinien organisiert waren und geleitet wurden, sich jedoch in ihrem Erscheinungsbild erheblich voneinander unterscheiden konnten. Dies blieb nicht ohne Einfluss auf die Prägung der Schüler und deren heutiges Bild ihrer ehemaligen Erziehungsstätten.

Wer Erlebnisse und bestimmende Einflüsse seiner Jugendzeit nach über fünfzig Jahren niederschreibt, der sollte den Leser darauf aufmerksam machen, dass jegliche Erinnerung lückenhaft ist und dass die Verteilung zwischen Lücke einerseits und Erinnerung andererseits selektiv erfolgt. Die Kriterien dieser Selektion werden in der Regel nicht vom eigenen Willen festgelegt, sondern bilden sich über die Jahre im Bereich des Unbewussten. Fluch und Segen der Verdrängung.

Großen Dank schulde ich Klaus Montanus, dem Verfasser des Buches »Die Putbusser, Kadetten unterm Hakenkreuz«. Er hat mir nicht nur durch kritische Durchsicht der Manuskripte wertvolle Hilfe geleistet, sondern auch mit seinen Ratschlägen, die er mir aufgrund seiner größeren schriftstellerischen Erfahrungen erteilen konnte. Ebenfalls möchte ich meiner Frau danken, die zusätzlich zur kritischen Begleitung der Arbeit auf manche Stunde der Gemeinsamkeit in meinem Ruhestand verzichten mußte.

Wuppertal, im Mai 2000.

Die deutschen Eliten haben versagt – aber es war ein Versagen,
das nicht nur mit moralischer Feigheit zu erklären ist.
Man ist auch einer Versuchung erlegen.

Fritz Stern

Einleitung

Wer über seine Jugend im Dritten Reich schreibt, bewegt sich
auf dünnem Eis. Gehörten der Verfasser und seine Familie zu
den Gegnern der Diktatur, dann bestimmen Angst und Verfolgung unauslöschlich das Bild seiner Jugendzeit. Dieses Bild
steht im Einklang mit der historischen Bewertung des Dritten
Reiches als einer Epoche der totalitären Willkürherrschaft, die
sich auf eine menschenverachtende Ideologie gründete und in
deren Gefolge Krieg und millionenfacher Mord an unschuldi-
gen Menschen das Geschehen beherrschten.

Wer jedoch zu der – weitaus größeren – Gruppe derjenigen
Deutschen gehörte, deren Eltern schweigende Dulder, Mitläu-
fer oder begeisterte Anhänger des Regimes waren, dessen
Jugend hat ganz anders ausgesehen. Sie war meistens erfüllt
von Begeisterung und dem Glauben an eine alles individuelle
und nationale Glück verheißende Zukunft. Damit stimmt das
Bild einer solchen Jugendzeit nicht mit dem Bild überein, mit
dem diese verhängnisvolle Epoche in die deutsche Geschichte
eingegangen ist. Die nach dem Krieg Geborenen stellen die
Frage, wie es denn möglich gewesen sein kann, dass in diesem
vom Terror beherrschten Unrechtsstaat die Mehrheit der
Bürger sorglos, ja, vielfach sogar glücklich gelebt hat, minde-

11

stens bis zum Ausbruch des Krieges. Der Versuch, mit dieser Einleitung einen Beitrag zum Verständnis der Situation im Deutschland der dreißiger Jahre, also in meiner Jugendzeit, zu leisten, bezieht sich daher ausschließlich auf die Vorkriegszeit.

Die scheinbar unüberbrückbare Diskrepanz zwischen dem einen und dem anderen Erlebnis einer Jugend im gleichen Land und zur gleichen Zeit entspricht den jeweils unterschiedlich erfahrenen Wirklichkeiten in jenen Jahren. Alle Schilderungen einer Jugend im Dritten Reich, die von Angst, Verfolgung und Rechtlosigkeit geprägt ist, sind das Spiegelbild des Unrechtsstaates. Aber ein solcher Unrechtsstaat zeigt nicht jeden Tag und nicht allen Bürgern sein hässliches Gesicht. Er ist im Gegenteil sorgfältig bemüht dieses Gesicht zu verbergen, was in einer Gesellschaft mit staatlich kontrollierter Presse und gezielt propagandistisch eingesetztem Rundfunk (ohne Fernsehen!) leichter möglich war, als man sich das heute vorstellen kann. Man denke nur daran, wie großartig sich das Regime anlässlich der Olympiade 1936 gegenüber dem Ausland zu präsentieren wusste.

Aber mit dem Verbergen von Verbrechen allein wäre es dem Regime auch nicht gelungen, die Mehrheit der Deutschen zu seinen Gefolgsleuten zu machen und eine gläubige Jugend bis in den Tod für sich zu begeistern. Das ist nur zu erklären durch die ungeheure Verführung, der die Menschen im Dritten Reich ausgesetzt waren. Ein englischer Film, der vom privaten »Channel 4« in London anlässlich des einhundertsten Geburtstags von Hitler gesendet wurde, trägt den Untertitel » A Fatal Attraction«, also eine »verhängnisvolle Anziehungskraft«. Im Schlusswort erklärt der Sprecher, der Film habe zeigen sollen, wie ein ganzes Volk der »Fatal Attraction« einer Person und einer Idee erlag.

Ohne ein lebendiges Bild von dieser verhängnisvollen Anziehungskraft und der daraus folgenden Verführung ist das Verhalten der Menschen im Dritten Reich nicht zu erklären und nicht zu verstehen. Es fällt offenbar sehr schwer, zwei Gesichtspunkte zu unterscheiden.

- Die rückblickende Darstellung einer historischen Epoche befasst sich überwiegend mit denjenigen Geschehnissen, die diese Epoche charakterisieren. Die zwölf Jahre der deutschen Geschichte von 1933 bis 1945 waren charakterisiert durch eine verbrecherische Diktatur, die schließlich Tod und Elend über fast ganz Europa brachte. Geschichtsforschung und Geschichtsschreibung beschäftigen sich folgerichtig vor allem mit den konkreten Erscheinungen dieser Verbrechen im Einzelfall, mit Hintergründen, vor allem aber mit Opfern und Tätern. Das Alltagsleben tritt hinter den Ungeheuerlichkeiten der Zeit zurück. Es erweckt selten das Interesse des Historikers, schon gar nicht, wenn Opfer und Täter in diesem Alltagsleben keine Rolle spielten.

- Wer dagegen versucht, über seine eigene Jugend zu berichten, in der weder Opfer noch Täter eine Rolle spielten, der muss ein Lebensgefühl beschreiben, das für eine spätere Generation nicht mehr vorstellbar ist. Nur wer die Facetten dieses damaligen Lebensgefühls möglichst umfassend schildert, kann die erlebte Realität seiner Jugendzeit lebendig werden lassen und damit verständlich machen. Eine solche Schilderung muss in einem krassen Gegensatz zu dem stehen, was die jüngere Generation über diese Zeit gelernt hat. Der »fröhliche Alltag« oder die Kraft der Verführung sind eben für diese zwölf Jahre nicht charakteristisch und haben daher bei den Historikern oder im Geschichtsunterricht der Schule kaum einen Platz gefunden. Man kann sagen, unsere junge Generation ist über die Verbrechen des Dritten Reiches ziemlich eingehend, über den Widerstand unzureichend und über den Alltag außerhalb von Verfolgung und Widerstand überhaupt nicht informiert.

Warum wird so selten versucht, diese Seite der nationalsozialistischen Diktatur, ohne die man das Leben in jenen Jahren nicht begreifen kann, lebendig werden zu lassen?

Joachim Fest hat den Grund vor vielen Jahren erfahren. An einer Stelle in seinem ausgezeichneten Hitler-Film wurden Ausschnitte von fröhlichen, ihre Feste feiernden Deutschen in den dreißiger Jahren gezeigt. Fest war klug genug, in diese Szenen Bilder aus Konzentrationslagern einzublenden, so dass eigentlich kein Irrtum über seine Absicht aufkommen konnte. Gleichwohl erntete er heftige Kritik. Fröhliche, tanzende, unbeschwerte Deutsche, das gehört nicht in das Buch der Geschichte jener Zeit.

Wer es unternimmt, die Verführungskünste des nationalsozialistischen Regimes lebendig zu schildern, wird schnell als unverbesserlicher Nazi denunziert. Ohne Rücksicht auf seine Person wird ihm unterstellt, was er gesagt oder geschrieben habe, sei nicht der Versuch, Argumentationsmuster der Vergangenheit verständlich zu machen, sondern Ausdruck seiner heutigen politischen Gesinnung.

Philipp Jenninger ist über eine solche Unterstellung, die man in seinem Fall eher eine Folge von Böswilligkeiten oder Dummheiten nennen sollte, gestürzt worden. Weil er versuchte die Wirklichkeit der Auseinandersetzungen der dreißiger Jahre (in einer allerdings recht ungeschickten Weise) lebendig werden zu lassen (»*Und was die Juden anging, hatten sie sich nicht in der Vergangenheit doch eine Rolle angemaßt, die ihnen nicht zukam? Mussten sie nicht endlich einmal Einschränkungen in Kauf nehmen?*«), tat man so, als seien die hier in Kursivschrift gesetzten Zitate seine heutige politische Meinung und als wolle er die Wahrheit über die Judenverfolgungen nicht zur Kenntnis nehmen. Der ganze Vorgang ist bis heute umso unverständlicher, als die wahre Gesinnung von Philipp Jenninger allseits bekannt war und in der Rede auch deutlich zum Ausdruck kam.

Diktaturen arbeiten bekanntlich mit Zuckerbrot und Peitsche, niemals mit Peitsche allein. Und im Darreichen des Zuckerbrotes ging das Regime Hitlers genauso verschlagen und konsequent vor wie bei der Ausübung von Terror und Gewalt. Das Zuckerbrot sollte zu denselben Zielen führen, denen die Peitsche diente. Deshalb kann man auch heute nicht von irgendwelchen »guten Taten« der nationalsozialistischen Diktatur sprechen. Wer solcherart »positive Seiten« an dem Regime zu entdecken glaubt, ist offenbar der Meinung, dass gute Mittel einen bösen Zweck zu heiligen vermögen. Wenn ein Mörder seine Opfer vor der Tat stets zu einem großzügigen Festmahl einlädt, wird ja auch niemand hinterher, nachdem er entlarvt wurde, dessen großzügige Gastfreundschaft als gute Taten preisen, die man bei einem Urteil über die Morde nicht vergessen dürfe.

Das muss man auch bei den Nationalpolitischen Erziehungsanstalten bedenken, mit denen sich die vorliegenden Jugenderinnerungen befassen. Diese Erziehungsstätten sind Zeugnis für die Verführungskunst eines Regimes und die Verführbarkeit junger Menschen. Hitler und seine Gehilfen hatten es verstanden, ganz normale und meist nicht unintelligente junge Menschen in oft nur zwei oder drei Jahren in einer Napola zu einem Denken und Handeln zu erziehen, das bis zur freiwilligen Selbstaufopferung gehen konnte und das heute unbegreiflich ist. Zwei Beispiele, das erste aus dem Feldpostbrief eines ehemaligen Napola-Schülers, das zweite aus dem Testament eines anderen, mögen das belegen:

1. *»Ich kann Dir, liebste Mutter, nicht dankbar genug sein, dass Du mich zu dem gemacht hast, was ich bin: Ein aufrechter Soldat, Dir und dem Führer treu ergeben – sei es auch in den Tod. Uns*

umweht der Ruf unserer gefallenen Kameraden: Siegt und sterbt,
wenn es sein muss, für die große Sache des Führers! Ihm gehören
wir. Heil Hitler, Dein Junge.«

2. *»Sollte ich fallen (er fiel), so wünsche ich, dass dieses Ereignis als*
    nichts anderes betrachtet wird, als was es in Wirklichkeit ist: Ein
    notwendiges, von mir gern gebrachtes Opfer für den Sieg
    Deutschlands in Erfüllung meines Soldatenlebens.
    Napola K.! Drei Jahre war ich bei Dir. Sie waren die schönsten
    meines Lebens. Du gabst meinem Idealismus klare Formen. Du
    gabst meinem Leben seine Richtung ...«

Diese Beispiele ließen sich beliebig vermehren. Sie sind leider
keine Ausnahmen, eher die Norm.

Wer eine Wiederholung des schrecklichen Geschehens wirklich verhindern will, muss der Frage der Verführung und
Verführbarkeit von Menschen, insbesondere der Jugend, nach-
gehen. Wo ein missbrauchter Idealismus den Wert des eigenen
Lebens gering erachten lässt, kann sich Respekt vor dem Leben
anderer nicht entwickeln. Aus einem zwölfjährigen Opfer der
Verführung kann schnell ein zwanzigjähriger Täter werden.

Viele Zeitgenossen reagieren allergisch auf Darstellungen der
nationalsozialistischen Verführungskunst, weil sie fürchten,
durch eine solche Begegnung mit vergangener Wirklichkeit
seien auch heute Menschen noch einmal verführbar. Vielleicht
ist diese Furcht berechtigt. Aber unabhängig davon müsste
man doch dann das Verhalten unserer Väter und Großväter in
einem milderen, verständnisvolleren Licht sehen. Denn sie, die
nicht eine Minderheit des deutschen Volkes darstellten, ließen
sich doch in den dreißiger Jahren von offenbar heute noch
gefährlichen Argumenten und Inszenierungen verführen, ohne
dass sie – im Gegensatz zum heutigen Zeitgenossen – die Verbrechen des Regimes in den vierziger Jahren und das Ende der
Verführung kennen konnten.

Die Katastrophe von 1945 und die Erkenntnis der wahren Natur der nationalsozialistischen Diktatur sowie der Person Hitlers bedeuteten das Ende des deutschen Nationalismus, worüber man nicht traurig sein muss. Ob damit auch jede Form eines deutschen Patriotismus zugrunde gehen musste, ist eine andere Frage. Weil der jüngeren Generation deutscher Nationalismus aus guten Gründen verdächtig und fremd ist, kann sie die geradezu verhängnisvolle Rolle nicht begreifen, die der Nationalismus im 19. und in der ersten Hälfte des 20. Jahrhunderts spielte, nicht nur in Deutschland, sondern in ganz Europa.

Der Nationalismus ist eine Erscheinung, die in vielen Ländern bis zum heutigen Tage alles legitimieren kann. Was im nationalen Interesse geschieht, ist notwendig und damit gerechtfertigt. Right or wrong my country, das galt und gilt nicht nur in England. Es ist hier nicht der Ort, diesem Phänomen nachzugehen. Fest steht, daß der Nationalismus in der Lage war und weitgehend noch ist, andere Ideale wie Humanität und Menschenrechte jederzeit zu verdrängen, wenn »nationale Interessen« (oder was dafür ausgegeben wird) dies gebieten. Menschlichkeit wurde bei uns zur »Humanitätsduselei« degradiert, sobald sie nationalen Interessen im Wege stand. Man denke auch an gewisse völkerrechtlich zweifelhafte Aktionen oder an die Machenschaften von Geheimdiensten, die noch heute durch ein vorgeblich »nationales Interesse« eine ausreichende Legitimation erfahren.

Dieser absolute Vorrang nationaler Interessen war conditio sine qua non für die Entstehung und vor allem für den Erfolg des Nationalsozialismus. Zu Beginn der dreißiger Jahre befanden sich alle Industrieländer im Gefolge der Depression in einer mehr oder weniger elenden sozialen Verfassung. Das war in unseren Nachbarländern oder den USA nicht anders als in Deutschland. Was aber bei uns hinzukam, war das nationale

Elend, in dem sich die Deutschen nach dem Ersten Weltkrieg befanden oder mindestens zu befinden glaubten. Und in dieser Situation kommt ein Mann im Braunhemd, der sich Nationalsozialist nennt, und verheißt dem deutschen Volk die Erlösung sowohl aus dem nationalen wie auch dem sozialen Elend. Und was das Schlimmste war: er hat es getan. Nur wer sich die für unmöglich gehaltenen innen- und außenpolitischen Erfolge Hitlers vergegenwärtigt, kann das Verhalten von Menschen in dieser Zeit begreifen.

Für den Stellenwert nationaler Gefühle ist die Saarabstimmung des Jahres 1935 ein lehrreiches Beispiel. Etwas zugespitzt formuliert kann man sagen, dass damals die überwältigende Mehrheit der Bevölkerung des Saarlandes das Leben in einem Deutschland der Unterdrückung und des Terrors dem Leben in einem Frankreich der Menschenrechte vorzog. Die Saarländer hatten bis zur Abstimmung in einem freien Land gelebt und waren über die Untaten des Hitler-Regimes in seinen ersten beiden Jahren von einer freien Presse und einem ideologisch neutralen Rundfunk informiert worden. Aber der Wunsch, als Deutsche im Deutschen Reich zu leben, also das Nationalgefühl, war stärker als die Furcht vor Konzentrationslagern, Judenverfolgung und staatlichem Mord (»Staatsnotwehr« 1934).

Überhaupt ist bei der Betrachtung der Geschichte des eigenen Landes ein Blick über die Grenzen nicht nur lehrreich, sondern notwendig, gerade für ein Land, das mehr Grenznachbarn hat als jede andere europäische Nation. Es gibt eben so etwas wie einen übernationalen Zeitgeist einer Epoche, auch wenn damals seine deutsche Ausformung zum Zeit-Ungeist wurde. Heute werden Demokratie und Marktwirtschaft als Manifestationen unseres Zeitgeistes angesehen. Das war in den dreißiger Jahren in ganz Europa nicht der Fall. Für Deutschland galt das Gegenteil. In den Augen der meisten Deutschen hatte die parlamentarische Demokratie, die ohnehin für viele ein ungeliebtes Kind war, versagt. Das Schicksal des Landes wurde seit Jahren nicht mehr von Regierungen mit Parlamentsmehrheiten, sondern von Notverordnungen des Reichspräsidenten bestimmt. Und was eine sogenannte freie Wirtschaft angerichtet hatte, konnte man mit bloßen Augen sehen. Jede Alternative, die Befreiung aus dem nationalen und dem sozialen Elend versprach, musste deswegen etwas anderes sein als parlamentarische Demokratie und Marktwirtschaft. Beide hatten ihre Chance, damals sichtbar für alle, verspielt. Ihre Protagonisten konnten durch die vorhandenen politischen und wirtschaftlichen Zustände in einer Weise ad oculos widerlegt werden, die sie nachgerade argumentierunfähig machte.

Zum Zeitgeist der zwanziger und dreißiger Jahre gehört auch ein anderes Verhältnis der Menschen zur Anwendung von Gewalt, wiederum nicht nur in Deutschland, sondern fast überall auf der Welt. Insbesondere wurde dem Staat ein viel weitergehender Gebrauch seines Gewaltmonopols zugestanden, als dies heute der Fall ist. Man stelle sich einmal vor, es hätte, was am 9. November 1923 in München geschah, in einer westdeutschen Großstadt der siebziger Jahre stattgefunden. Linke Extremisten hätten für einen Sturz der Regierung demonstriert und eine polizeilich festgelegte Demarkationslinie überschritten. Die Polizei hätte daraufhin, ohne lange zu fackeln, das Feuer eröffnet mit dem Ergebnis, dass ein Dutzend Tote auf der Straße gelegen hätte. Ein Schrei der Entrüstung wäre nicht nur durch Deutschland, sondern durch die ganze Welt gegangen, die Bundesrepublik wäre als Polizeistaat übelster Sorte angeprangert worden und kein verantwortlicher Innenminister, kein Oberbürgermeister und kein Polizeipräsident hätte diesen brutalen Akt staatlicher Gewaltanwendung überlebt. Gegen streikende Arbeiter in England und den USA wurde in den zwanziger Jahren mit einer polizeilichen Gewalt (in den USA sogar durch eine bewaffnete Privatarmee, die sogenannten

Pinkerton-Leute) vorgegangen, die heute nicht mehr vorstellbar ist. So wurden auch viele der anfänglichen Gewalttaten des Hitler-Regimes mit anderen Augen gesehen als heute. Der Wandel der öffentlichen Meinung zur staatlichen Gewaltanwendung vollzog sich erst nach dem Krieg, nicht zuletzt unter dem Motto: »Wehret den Anfängen.«

Deutschland war 1933 von Ländern umgeben, die längst ihr Heil im autoritären Führerstaat gesucht hatten, von Polen über Ungarn und Italien bis nach Portugal. Ist es da so verwunderlich, dass die Deutschen es auch einmal mit einem »Führer« versuchen wollten? Allerdings sind sie hierbei einem entsetzlichen und folgenschweren Irrtum erlegen. Sie haben nicht den Unterschied zwischen einer pragmatischen und einer ideologischen Diktatur erkannt und sowohl die Kraft der Ideologie als auch die Rücksichtslosigkeit des kommenden Diktators unterschätzt. Unerfahrenheit im Umgang mit demokratischen Herrschaftsformen, persönlicher Ehrgeiz und Leichtfertigkeit in der Führungsschicht von Politik und Wirtschaft spielten ebenso eine Rolle wie eine deutsche Geistes- und Nationalgeschichte, die diese Ideologie nicht erzeugt hat, ihr jedoch einen fruchtbaren Boden bereithielt.

Nur so konnte es Hitler mit im In- und Ausland nicht für möglich gehaltenen Täuschungen und Lügen, mit bedenkenloser Missachtung von Recht, Gesetz und Menschlichkeit sowie – last not least – einer Clique von Helfern und Helfershelfern gelingen, seine perversen ideologischen Ziele und seinen rücksichtslosen Machthunger mit den angeblichen Interessen des deutschen Volkes zu identifizieren, nach innen und nach außen. Diese von Hitler manipulierte Identifikation seiner Ziele mit der Zukunft Deutschlands nicht als den zwangsläufigen Beginn von Terror, Mord und Krieg erkannt zu haben ist das, was man der Generation unserer Väter und Großväter vorwerfen kann.

Es ist kein Zufall, dass solche und weit darüber hinausgehende Vorwürfe in dem Maße an Heftigkeit und Intoleranz zunehmen, in dem wir uns von dem Geschehen entfernen. Heute muss man sich mit einem Wort Goethes trösten, wonach ältere Menschen einer großen Ungerechtigkeit ausgesetzt sind: sie werden nicht mehr von ihresgleichen beurteilt. Diese Tatsache wiegt doppelt schwer in einer Zeit, in der die Beschäftigung mit der Geschichte – oftmals von der Empörung über ein historisches Ereignis geleitet – nur dem Aufspüren von Schuldigen und dem Nachweis eigener Political Correctness zu dienen scheint. Das Bemühen, die Triebkräfte historischer Entwicklungen sowie das Handeln von Menschen unter den Bedingungen ihrer Zeit zu erforschen, zu verstehen und sine ira et studio darzustellen, ist häufig nicht mehr zu erkennen.

Diese Erinnerungen sollen nichts beschönigen und nichts rechtfertigen. Wenn sie einen Beitrag zum Verständnis der Verführten leisten, haben sie ihren Zweck erfüllt.

The purpose of the NPEA… (was) to restore the type of education formerly given in the Prussian military academies. And there was no doubt that the practice of bringing the children of all classes and walks of life together where those who had come from poverty or riches, from a laborer's home or a peasant's or a businessman's or an aristocrat's shared common tasks, was good and healthy in itself.
… however sinister the teaching, here was an incredibly dynamic youth movement.

William Shirer

Gespräch mit Walter Sper, 1997

Familie und Kindheit 1926 bis 1936

Bevor wir zu dem eigentlichen Thema unseres Gespräches, nämlich deiner Jugend im Dritten Reich kommen, ist es sicher nützlich, wenn du zunächst etwas von deiner frühen Kindheit, vor allem von dem familiären Hintergrund und dem gesellschaftlichen Umfeld deiner ersten Lebensjahre erzählst. In welcher Umgebung bist du aufgewachsen, welche Erlebnisse deiner frühesten Jugend sind dir noch in Erinnerung?

Ich wurde, wie du weißt, 1926 in Wiesbaden geboren und habe meine Kindheit in einer bürgerlichen Wohngegend in der Nähe der Ringkirche verbracht. Lehrer, Gewerbetreibende, Geschäftsleute und mittlere Beamte waren unsere Nachbarn, die, wie wir, in mehrgeschossigen Wohnhäusern aus der Gründerzeit wohnten. Kleine Vorgärten und Bäume am Bürgersteig – damals noch Trottoir genannt – prägten das Bild der Straße. Meine vier

Jahre ältere Schwester und ich sowie die Kinder der Nachbarn hatten auf ihr ein herrliches Spielfeld, denn wenn an einem Vormittag zwei oder drei Autos vorbeifuhren, dann war das schon fast ein lebhafter Verkehr.

Mein Vater war Verwaltungsinspektor, der aufgrund einer Kriegskrankheit schon seit 1921 im Ruhestand lebte. Im Hinblick auf seine geringe Zahl von Dienstjahren war seine Pension recht karg bemessen. Er verstand sie jedoch durch einige geschäftliche Nebentätigkeiten (z.b. Hausverwaltungen) spürbar aufzubessern.

Meine Mutter stammte aus einem Geschäftshaushalt, in dessen Tradition meine mit uns lebende Großmutter ein Handarbeitsgeschäft in Wiesbaden auf der Wilhelmstraße führte. Außerdem gehörten zur Familie noch die jüngste Schwester meiner Mutter und die Seniorverkäuferin im Geschäft meiner Großmutter. Wir waren also fast eine Art städtischer Großfamilie.

Nun ist doch, glaube ich, dein Vater sehr früh gestorben. Hast du eine konkrete Erinnerung an ihn?

Nein, eigentlich nicht. Ich sehe ihn noch in einem Sessel sitzen, ich sehe uns spazieren gehen auf der Wilhelmstraße, ohne selbst Erlebtes von später Erzähltem mit Sicherheit unterscheiden zu können. Wir gingen gelegentlich sonntags in ein Café, meistens mein Vater und ich alleine, er trank eine Tasse Kaffee und rauchte seine Zigarre und ich bekam eine Schokoladenzigarre. Mehr weiß ich aus eigener Erfahrung nicht.

Mein Vater muss ein sehr geselliger Mensch mit viel Sinn für Humor gewesen sein, der sich im Laufe seines Lebens eine umfassende Allgemeinbildung angeeignet hatte, die seine mangelnde Schulausbildung kompensierte. Unter seinen Skatfreunden war er der einzige Nichtakademiker. Zu den letzten Worten, die er kurz vor seinem Tod im März 1930 zu meiner

Mutter sagte, gehörte die Ermahnung, den beiden Kindern eine gute Schulbildung zukommen zu lassen. Und das hat meine Mutter ja dann auch getan.

An dieser Stelle vielleicht noch eine sehr persönliche Frage: Wie ist das, wenn man ohne Vater aufwächst?

Weißt du, ohne Vater aufzuwachsen war für mich kein Schicksal, sondern ein Zustand. Ich kann nicht sagen, dass ich darunter gelitten hätte. Meines Vaters früher Tod war aber in anderer Hinsicht von entscheidender Bedeutung für mein ganzes künftiges Leben. Meine Einschulung in eine Nationalpolitische Erziehungsanstalt im Alter von weniger als zehn Jahren wurde natürlich durch dieses Ereignis ausgelöst. Übrigens gibt es ja Psychologen, die behaupten, Männer, die ohne Vater aufgewachsen seien, zeigten als Erwachsene häufig mehr Selbstvertrauen als andere. Mag sein, vielleicht weil ihnen der übliche Vater-Sohn-Konflikt als jungen Menschen erspart bleibt. Oder es ist umgekehrt: Der menschlich vorbildliche und intellektuell anspruchsvolle Vater wird zum Übervater, von dem sich der Sohn ein ganzes Leben lang nicht lösen kann.

Wirklich gefehlt hat mir mein Vater, als ich 1945 aus dem Krieg zurückkam. Nicht nur, dass ich nicht verstehen konnte, warum die so großartige Welt meiner Jugend so elend zugrunde gegangen war, nein, ich konnte mit meinen 19 Jahren diese für mich völlig neue Welt nicht begreifen, geschweige denn mich in ihr zurechtfinden. Damals habe ich es bitter gespürt, dass kein Vater da war, der mir mit seinen Lebenserfahrungen helfen und raten konnte. Ich musste alle Entscheidungen, die meinen künftigen Lebensweg teilweise unabänderlich bestimmten, von meinem 19. Lebensjahr an alleine treffen.

Deine Familie kam doch ursprünglich nicht aus Wiesbaden. Kannst du noch etwas vom landsmannschaftlichen und vielleicht auch gesellschaftlichen Hintergrund deiner Familie erzählen?

Mein Vater stammte aus dem Osten, aus Mogilno, einem kleinen Städtchen im damaligen Regierungsbezirk Bromberg. Er verlor beide Eltern, als er noch ein Kind war, und wuchs daher zeitweise mit seinen Vettern und Cousinen auf. Mit etwa 15 Jahren kam er auf eine sogenannte Heeresunteroffiziersvorschule, wurde dann aktiver Soldat und nach Ende der zwölfjährigen Dienstzeit (1916) und Absolvierung der entsprechenden Prüfungen Verwaltungsbeamter, bezeichnenderweise »Proviantamtsinspektor«; wahrscheinlich hätte ich mich in einem Proviantamt auch wohler gefühlt als in einer anderen Verwaltungskanzlei.

Meine Vorfahren mütterlicherseits waren Handwerksmeister oder Kaufleute (Einzelhandel) und stammen aus Niedersachsen, meistens aus Hannover, Hildesheim und Bremen. Meine Urgroßmutter, eine sehr tatkräftige und kluge Geschäftsfrau, zog in den siebziger Jahren des 19. Jahrhunderts nach Berlin und gründete dort mit meinem Urgroßvater ein Handarbeitsgeschäft. Das entsprach der Tradition der Familie, die in Hannover ein Handarbeitsgeschäft besaß, das jedoch auf einen anderen Zweig der Familie übergegangen war. Das Berliner Geschäft muss sehr gut gegangen sein, denn meine Urgroßeltern waren ziemlich wohlhabende Leute.

Vielleicht sollte ich hier von meinem Großonkel, dem Bruder meiner Großmutter, erzählen, dessen Leben in mancher Hinsicht typisch für die damalige Zeit war. Er wollte unbedingt Offizier werden und natürlich kein gewöhnlicher, sondern bei der Kavallerie. Leider fehlten dafür alle Voraussetzungen: Er war weder adelig noch der Sohn eines Offiziers. Er war nicht im Kadettenkorps gewesen, ja, er hatte nicht einmal ein Abitur.

Meine Großmutter erzählte mir, dass ihre Mutter einen Ver-
mögensnachweis in Höhe einer sechsstelligen Summe erbrin-
gen musste, damit ihr Bruder Offizier werden konnte. Er kam
sogar in ein Garderegiment, aber nur zum »Garde Train«, wie
man die Nachschubeinheiten damals nannte. Wie dieser »Train«
bewertet wurde, zeigt deutlicher als alles andere ein Witz aus
der damaligen Zeit. Aus einem preußischen Regimentsbefehl
zur Jahrhundertwende: Am Sonntag treffen sich nach dem
Gottesdienst die Herren protestantischen Offiziere an der
Lutherkirche, die Herren katholischen Offiziere bei der
Bonifatiuskirche und die Herren vom Train an der Synagoge.
Ich erzähle diesen Witz, weil er nicht nur etwas über den
Nachschub des preußischen Heeres aussagt.

Mein Großonkel heiratete als junger Leutnant eine sehr hübsche Frau aus einer wohlhabenden Berliner Familie, die in der
damaligen gesellschaftlichen Hierarchie weit unterhalb des
Offiziersstandes rangierte. Der Vater dieser wirklich bildhüb-
schen Frau (ich habe ihr Photo in Erinnerung) war Brauerei-
besitzer oder Grundstücksmakler. Jedenfalls besaß er ein
großes Vermögen und sagte angeblich zu meiner Urgroßmutter: »Gnädige Frau, det saach ik Ihnen, die Schulden von Ihrem
Sohn, die zahl ik nich.« Und sie soll entgegnet haben: »Machen
Sie sich keine Sorgen, die kann ich selber bezahlen.« Der Mann
muss seinen Schwiegersohn gut gekannt haben. Der Herr
Leutnant bewohnte nämlich eine große Wohnung am Kur-
fürstendamm und hielt sich in der Stadt zwei Pferde. Einmal
fuhr er mit seinem Landauer so schnell, dass er die entgegen-
kommende Equipage des Kaisers nicht erkannte. Ohne anzu-
halten und ohne zu salutieren fuhr er an seinem obersten
Kriegsherrn vorbei. Die Affäre soll ein disziplinarisches
Nachspiel gehabt haben.

Um die Geschichte schnell zu beenden: Der reiche Schwieger-
vater meines Großonkels starb alsbald, woraufhin der schnei-

dige junge Kavallerieoffizier den Dienst quittierte und ein Rittergut in der Nähe von Kassel kaufte. Du weißt, in der guten alten Zeit stand dem Ehemann die alleinige Nutznießung am Vermögen der Frau zu. Angeblich wegen einer Maul- und Klauenseuche musste sich mein Großonkel nach wenigen Jahren von seinem Rittergut trennen und des Kaisers Rock wieder anziehen. Er wurde in der Zeit kurz vor und nach dem Ersten Weltkrieg ein in vielen Turnieren erfolgreicher Gespannfahrer und war der Erste, der einen Achterzug im Galopp fahren konnte. Als Rittmeister kam er aus dem Krieg zurück, dekoriert mit dem Eisernen Kreuz 1. Klasse und dem Hanseatenkreuz. In der Reichswehr wurde er 1934 Major. Aus der Wehrmacht musste er 1938 im Zuge der allgemeinen »Verjüngung« des Heeres, die durch die Affäre des Generalfeldmarschalls v. Blomberg und die infamen Anschuldigungen gegen Generaloberst v. Fritsch ausgelöst worden war, vor dem regulären Pensionsalter ausscheiden. Er wurde verabschiedet, wie es damals so schön hieß, »als Major mit dem Charakter eines Oberstleutnants«, was im Klartext bedeutete: Er bezog eine Majorspension, durfte sich aber Oberstleutnant a.D. nennen. Zu diesem Zeitpunkt war er übrigens mit v. Blomberg der einzige aktive Offizier der deutschen Wehrmacht, der eine goldene Medaille trug, die anlässlich des zehnjährigen Regierungsjubiläums von Kaiser Wilhelm II. im Jahre 1898 allen Offizieren der preußischen Armee verliehen worden war; mein Großonkel war damals als Oberfähnrich einem Offizier gleichgestellt. – Er starb im Dezember 1939.

Es lohnt sich vielleicht, den Blick auf die Familie zu erweitern und kurz das Schicksal der beiden Söhne meines Großonkels zu verfolgen, ein Schicksal, das geradezu beispielhaft für das Leben im Deutschland der ersten Hälfte des 20. Jahrhunderts ist. Spätere Generationen sollten sich bei einem Urteil über diejenigen, die als Erwachsene das Dritte Reich durchlebten und überlebten (was den Söhnen meines Großonkels nicht vergönnt war), stets vor Augen halten, auf welch schmalem Grat zwischen tödlicher Bedrohung durch Polizei oder Justiz und gefährlicher Verführung (bis zur Mittäterschaft an den Untaten des Regimes) diese Menschen häufig wandelten Und wie viele mussten eine politische Fehlentscheidung in jungen Jahren, ohne persönliche Schuld auf sich genommen zu haben, nachher bitter bereuen und teuer bezahlen.

Mein Großonkel hatte, wie gesagt, zwei Söhne, Wilhelm und Heinrich. Wilhelm kam ins Kadettenkorps nach Naumburg und erlebte das Kriegsende 1918 als 16-Jähriger in der Hauptkadettenanstalt Berlin-Lichterfelde. Er kämpfte mit 17 und 18 Jahren in verschiedenen Freikorps, sei es an der schlesischen Grenze, sei es gegen Kommunisten in Sachsen. Es folgte eine Schreinerlehre. Den Betrieb verließ er nach der Gesellenprüfung, weil er die Tochter des Meisters heiraten sollte (und nicht wollte). Er lernte Lokomotiven fahren und betätigte sich während eines Eisenbahnerstreiks als Streikbrecher, er versuchte sich in einem Herrenschuhgeschäft, lernte irgendwo das Fliegen und landete mit diesen ziemlich seltsamen Erfahrungen und Kenntnissen bei uns als Arbeitsloser in Wiesbaden im Jahre 1931.

Meine Großmutter kannte zufällig aus ihrer Schulzeit die Ehefrau des Geheimrats Dr. Wilhelm von Opel, der gerade 75% seines Aktienbesitzes an der Adam Opel AG an General Motors verkauft hatte. Durch die Verbindung meiner Großmutter geschah das Wunder: Mein Onkel Wilhelm wurde bei Opel als Fremdenführer eingestellt. Er wohnte noch einige Jahre bei uns und vertrat gelegentlich die Stelle meines Vaters. Ich habe ihn aus dieser Zeit in guter und dankbarer Erinnerung.

Onkel Wilhelm machte Karriere und nahm bei Kriegsausbruch eine leitende Stellung im Rüsselsheimer Werk ein. Die Position war offenbar so wichtig, dass er vom Kriegsdienst freigestellt wurde. Er gehörte zwar dem Nationalsozialistischen Flieger-korps (NSFK) an; ob er Parteimitglied war, weiß ich nicht. Für Ideologie und Krieg hatte er nicht viel übrig. Ich möchte ihn mit dem Begriff »Lebemann mit beruflichem Pflichtbewusst-sein« charakterisieren.

Eines Tages im September 1943 wurde er von der Gestapo ver-haftet und ins Darmstädter Gefängnis eingeliefert. Hier beging er am zweiten Tag Selbstmord. Ich weiß bis heute nicht, warum er verhaftet wurde. Aktiver Widerstandskämpfer kann er mit seiner Lebensart schwerlich gewesen sein; einen kriminellen Hintergrund schließe ich mit Sicherheit aus. Welche banalen Umstände konnten damals über Leben und Tod entscheiden! Nach dem Kriege sagte mir ein Metzger, der meinen Onkel von Berufs wegen kannte:»Hätten sie ihn doch zu Hause, hier in Wiesbaden, verhaftet; er wäre nicht der Erste gewesen, den wir mit einem Schinken frei bekommen hätten.« Aber die Opel-werke lagen in Hessen und für Rüsselsheim war die Gestapo in Darmstadt zuständig – und so weit reichten weder Arm noch Wurst des Metzgers.

Das Schicksal seines Bruders Heinrich ist schnell erzählt. Nach einem Besuch bei uns in Wiesbaden im Jahre1930, bei dem er einige besonders schöne Kinderphotos von mir machte, ging er nach Frankreich, was für seinen Vater einem Landesverrat gleichkam.

So lebte er nach einigen Jahren kaum noch in der Erinnerung der Familie fort. Angeblich war er in der Fremdenlegion. Plötz-lich, Ende 1940, tauchte er bei seinem Bruder Wilhelm in Wies-baden auf. Er hatte sich seines deutschen Passes erinnert, als für die Franzosen die »Verpflichtung« zur Arbeit in Deutschland drohte. Aber er kam vom Regen in die Traufe, denn auch die deutschen Behörden erinnerten sich seines deutschen Passes, und ehe sich Onkel Heinrich versah, war er deutscher Soldat. Im März 1945 tauchte er als Obergefreiter bei seiner Stiefmutter in Wiesbaden auf, um, wie er sagte, seine französischen Papiere zu holen. Das war sein letztes Lebenszeichen. Entweder hat ihn die deutsche Feldgendarmerie erwischt und als Deserteur vor ein Standgericht gestellt oder noch kürzeren Prozess mit ihm gemacht, oder die Franzosen sind ähnlich mit ihm verfahren.

Ich könnte noch viel über meinen Großonkel, der ein ausgezeichneter Koch und Wursthersteller war und der mir ganz lebhaft, nicht nur aus den Erzählungen meiner Großmutter, sondern auch von zahlreichen Besuchen in Erinnerung ist, berichten. Erwähnen möchte ich abschließend, dass ich meiner Großmutter bis heute sehr dankbar dafür bin, dass sie mir nicht nur ein lebendiges Bild unserer Familie sowie der Gesellschaft zur Zeit der Wende vom 19. zum 20. Jahrhundert hinterlassen, sondern auch mein Interesse an der Geschichte geweckt oder mindestens gefördert hat.

Verlassen wir die Vorfahren und kehren noch einmal zurück zu dem Umfeld, in dem du aufgewachsen bist. Hast du noch Erinnerungen an deine Volksschulzeit in Wiesbaden, also an die Jahre bis 1936?

Wenn ich außergewöhnlich viele Erinnerungen an meine ersten vier Schuljahre bewahrt habe, dann verdanke ich dies in erster Linie einem Lehrer, an den ich stets mit einem Gefühl großer Dankbarkeit zurückdenke. Es war mein Klassenlehrer im 3. und 4. Schuljahr, der Rektor Korn in der Lorcher Volksschule zu Wiesbaden. Er war übrigens der Vater von Karl Korn, dem Mitherausgeber der Frankfurter Allgemeinen Zeitung in den 60er Jahren. Rektor Korn war ein begnadeter Pädagoge, der uns deutsche Grammatik ebenso wie Heimatkunde mit einer Mischung von Strenge und Güte, vor allem aber mit einer unserer Auffassungsgabe gemäßen Anschaulichkeit so beibrachte, dass die Erinnerung an große Teile des Lehrstoffs bis heute nicht verblasst ist.

So wanderte Rektor Korn mit uns durch Wiesbaden, um uns die unterschiedlichen Baustile zu erklären. Als ich mit zehn Jahren in die höhere Schule kam, konnte ich nicht nur eine gotische von einer romanischen Kirche einigermaßen unterscheiden, sondern ich wusste auch, wie sich äußerlich ein um die Wende vom 19. zum 20. Jahrhundert gebautes Wohnhaus von einem in den frühen dreißiger Jahren erbauten unterschied.

Die wichtigsten Grundbegriffe der deutschen Grammatik, z. B. die Konjugation von Verben, hatte ich fest im Kopf. Hier ein Beispiel für die erwähnte Anschaulichkeit, mit der Rektor Korn zu Werk ging. Die Konjugation begann er damit, dass er (es war Jahrmarktszeit, in Wiesbaden Andreasmarkt genannt) einen Schüler fragte: »Warst Du schon auf dem Andreasmarkt?« Antwort: »Ja, ich war auf dem Andreasmarkt.« Das »ich war« wurde in eines der auf der Tafel aufgezeichneten Quadrate eingetragen. Der nächste Schüler sagte dann z.B: »Nein, aber ich werde ...«, worauf in ein anderes Quadrat »Ich werde« eingetragen wurde. So ging es weiter, bis alle Quadrate mit den Tempora der deutschen Sprache ausgefüllt waren. Als ich später in der höheren Schule Englisch bzw. Latein lernte, brauchte ich nur die deutschen grammatikalischen Begriffe durch die lateinischen zu ersetzen und in die in meinem Kopf noch vorhandenen Quadrate zu übertragen.

Rektor Korn zeigte mit einem aus heutiger Sicht bemerkenswerten Mut seinen Abstand zu den Nationalsozialisten. So erinnere ich mich, dass die Wiesbadener Schulen auf einer Kundgebung zum 1. Mai 1933 (oder 1934) Lieder singen sollten. Unsere Lorcher Volksschule sang statt eines der neuen revolutionären Kampflieder der HJ ganz altmodisch »Ich hab mich ergeben mit Herz und mit Hand ...« Als bei der Saarabstimmung 1935 eine überwältigende Mehrheit der Saarländer in einer vom Völkerbund kontrollierten Abstimmung für eine Rückkehr in das (nationalsozialistische!) Deutsche Reich gestimmt hatte, da sang auch Rektor Korn begeistert mit uns »Deutsch ist die Saar...«.

Ich möchte noch eine ganz andere, für mich wichtige Erfahrung aus meiner Volksschulzeit erwähnen. Wie gesagt wohnten wir in einem bürgerlichen Viertel, dessen Kinder die am Loreleyring in den Jahren 1930/31 neu gebaute Lorcher Volksschule besuchten. Wir waren also der zweite Jahrgang, der dort 1932 eingeschult wurde. Nun lag diese sehr moderne Schule auf einer Art Wegscheide. Jenseits der Schule befand sich ein ausgesprochenes Arbeiterviertel, was damals im Hinblick auf das Einkommen, vor allem aber wegen der hohen Arbeitslosigkeit, gleichbedeutend mit »Armeleuteviertel« war. Später hörte ich, dass man jenen Platz sehr bewusst für eine neue Volksschule ausgewählt hatte. Die Kinder dieser sehr unterschiedlichen Schichten (schon an der Kleidung deutlich zu unterscheiden) sollten in den Schulklassen zusammengeführt werden. Das gelang nur unvollkommen, denn auf den Schulbänken saßen wir säuberlich getrennt. Trotzdem gehört diese Mischung zu den wichtigen und nachhaltigen Eindrücken meiner frühen Jugend.

In diesem Zusammenhang hat sich ein Erlebnis besonders bei mir eingeprägt. Als neustes Lehrinstrument wurden uns damals Filme vorgeführt, wofür jeweils ein finanzieller Beitrag von zehn Pfennig je Schüler zu entrichten war. Ich sehe noch heute auf der rechten Seite des Klassenzimmers die ärmlich gekleideten »Waldsträßler« sitzen und höre den einen oder anderen als Entschuldigung für die nicht mitgebrachten zehn Pfennig sagen » De Papa het kee Geld.«

Hast du noch Einzelheiten aus den Jahren der großen Depression 1930/1933 in Erinnerung ? Lebte nicht deine Familie dank der Witwenpension, die deine Mutter erhielt, in recht gesicherten Verhältnissen?

Das war leider überhaupt nicht der Fall. Bevor ich über diese schweren Jahre spreche, möchte ich zurückblenden, um zu zeigen, wie tiefgreifend sich das Leben auch für eine bürgerliche Familie ändern konnte.

In den zwanziger Jahren lebte unsere Familie in guten Verhältnissen. Das Geschäft der Großmutter in Wiesbaden (die Filialen in Köln und Zoppot wurden bei Kriegsende 1918 aufgegeben) florierte und mein Vater verfügte über Nebeneinnahmen, die nicht nur das obligate Dienstmädchen, sondern auch ein Kinderfräulein für meine Schwester und mich sowie Auslandsreisen der Eltern nach Österreich oder in die Schweiz ermöglichten. Meine Großmutter verbrachte mit meiner Schwester jeden Sommer vier Wochen auf Juist. So war selbst der durch die Inflation eingetretene Verlust des Geldvermögens einigermaßen verkraftet worden.

Dann muss das Jahr 1930 als wahres Unglücksjahr über die Familie hereingebrochen sein. Nicht nur starb im März mein Vater, sondern nach langer Krankheit, die für meine Großmutter mit fast untragbaren Krankenhaus- und Arztkosten verbunden war, auch die Seniorverkäuferin ihres Geschäfts. Damit entfiel, wie man so sagt, die Seele des Geschäfts. Meine Großmutter war zwar eine charmante, kluge und hübsche (vor allem auch lebensfrohe) Frau, aber keine gute Geschäftsfrau.

Schließlich war das Jahr 1930 auch der Beginn der Weltwirtschaftskrise, die im Einzelhandel vor allem Geschäfte traf, die sozusagen »überflüssigen Luxus« anboten. Die Zeiten der stickenden und häkelnden Damen der Gesellschaft gingen ihrem Ende entgegen und für meine Großmutter fielen die zahlreichen wohlhabenden und offenbar schon damals »shopping-besessenen« Amerikanerinnen aus, die nach 1930 auch kein Geld mehr für Überseereisen hatten. Im Zweiten Weltkrieg konnte sich das Geschäft nur halten, weil mit ihm in bescheidenem Umfang Kompensationsware zur Verfügung stand. Eine alte Kundin, die Ehefrau eines Weinbrandfabrikanten, zahlte z.b. nur mit Produkten ihrer Firma.

Die wirtschaftliche Basis der Familie hatte sich damit im Jahre 1930 radikal verändert. Lass mich nur das Geschäft erwähnen. Ich erinnere mich noch circa vier Mitarbeiterinnen in der Wilhelmstraße 42, beste Gegend in Wiesbaden. Wenige Jahre später gab es nicht einmal mehr ein Lehrmädchen und das Geschäft musste in ein preiswerteres Ladenlokal in die Wilhelmstraße 12 und bald darauf noch bescheidener in die Webergasse verlegt werden. – Aus voller Pension und Nebeneinnahmen meines Vaters wurde die Witwenpension eines Verwaltungsinspektors, die etwa 120 bis 140 Mark betrug.

Sicher kosteten damals das Ei zehn Pfennig, das Brötchen ebenso wie das Pfund Kartoffeln vier Pfennig und die Miete für eine Fünfeinhalbzimmerwohnung lag bei 110 Mark. Aber dafür, dass meine Schwester das Lyzeum besuchen durfte, musste meine Mutter 20 Mark Schulgeld im Monat zahlen.

Jedenfalls wurde plötzlich in der Familie fast buchstäblich der Pfennig umgedreht. Ich erinnere mich an Zeiten, wo wir keine Kohlen im Keller hatten, weil mehrere Zentner auf einmal zu kaufen nicht finanzierbar war. Also mussten meine Schwester und ich alle drei Tage 10 oder 20 Briketts für zwei Pfennig das Stück kaufen, die dann sparsamst verfeuert wurden; z. B. hält ein Brikett länger im Ofen, wenn es mit feuchtem Zeitungspapier umwickelt wird. Manchmal sind wir im strengen Winter 1931/32, als der Rhein zugefroren war, sonntags, um Kohlen zu sparen, in das Geschäft meiner Großmutter gegangen, weil es dort eine Zentralheizung gab.

All dies und vieles andere hat einen nachhaltigen Eindruck bei mir hinterlassen und so manchen Teil meiner Denk- und Verhaltensweise geprägt. Vielleicht hängt damit zusammen, dass ich größere finanzielle Risiken scheue. Ich fürchte, ich hätte nicht zum wagemutigen mittelständischen Unternehmer getaugt. Wahrscheinlich wäre ich nur als Rechtsanwalt ein erfolgreicher Selbständiger geworden.

Das hätte dich eigentlich für den Staatsdienst prädestiniert.

Ja, wenn dort die Einkommensverhältnisse günstiger gewesen wären. Um nicht missverstanden zu werden: Es hat mir nie an Selbstvertrauen in meine eigenen Fähigkeiten gemangelt. Als mich beim Einstellungsgespräch in Wuppertal (1956) mein späterer Chef – wir diskutierten über die Chancen des Juristen in der Wirtschaft und im Staatsdienst – auf die Vorteile der sicheren Altersversorgung im Staatsdienst hinwies, entgegnete ich, dass ich es für unangebracht hielte, meinen Eingang in das Berufsleben von der Versorgung nach dessen Ende abhängig zu machen.

Das waren ja doch einige für mich sehr interessante Schilderungen aus der Welt der zwanziger und frühen dreißiger Jahre in Deutschland. Du weißt, dass meine Familie in dieser Zeit im Sudetenland, also der damaligen Tschechoslowakei, lebte.
Bevor wir zu Hitlers Herrschaft und deiner Zeit in der Napola übergehen, möchte ich fragen, ob du aus der großen Politik noch Erinnerungen aus den Jahren 1930 bis 1933 hast.

Meine erste Begegnung mit der Politik war heiter, nämlich eine Abwandlung des damaligen Spitzenschlagers »Das ist die Liebe der Matrosen, auf die Dauer, lieber Schatz, ist mein Herz kein Ankerplatz ...« Die zweite Zeile wurde abwechselnd umgewandelt in »... auf dem Brüning seiner Glatz hat die Notverordnung Platz ...« oder »... auf dem Brüning seiner Brill macht der Reichstag, was er will ...«

Wobei ich wahrscheinlich allenfalls wusste, was eine Brille war.

Ich erinnere mich noch, wie die ältere Schwester meines Schulfreundes aufgeregt nach Hause kam und von einer wilden Schlägerei in der Langgasse (Wiesbadens Hauptgeschäftstraße) zwischen SA und Kommunisten berichtete. So etwas war selbst in einer ehemals sehr reichen Pensionärsstadt (Wiesbaden beherbergte vor 1914 relativ zur Einwohnerzahl die meisten Millionäre im Kaiserreich) beinahe üblich. Das Überfallkommando der Polizei (Mannschaftswagen mit etwa zehn Polizisten besetzt) gehörte zum Straßenbild. Meine Schwester und ich sammelten eifrig Flugblätter, die wegen der häufigen Wahlen immer wieder kostenlos zu haben waren. Wir verteilten sie auf die Schlafzimmer, Hitler für die Großmutter (sie war für Hindenburg) und Hindenburg für unsere Mutter (sie wählte 1932 Hitler). An den 30. Januar 1933 habe ich keine Erinnerung, wohl aber an den sogenannten Röhmputsch im Juni 1934 und an den Tod Hindenburgs wenige Wochen danach. Es sind jedoch allein die Ereignisse als solche, die haften blieben.

In der Schule änderte sich aus meiner damaligen Sicht nichts. Ich muss nur noch einmal an die kritische Haltung von Rektor Korn erinnern. An Kleinigkeiten wurde immer wieder deutlich, wo der katholische Rektor Korn stand. Als der erste Schüler unserer Klasse eines Tages in Pimpfenuniform in die Schule kam, konnte er seinen Unmut nicht verbergen. Freilich, wir erkannten seinen Unmut, aber nicht die Hintergründe.

Im Jahre 1933 wollte mich meine Mutter bei den Pfadfindern anmelden. Irgendwer sagte ihr, das habe doch keinen Zweck, jetzt gingen die Jugendlichen nur noch in die Hitlerjugend. So kam es, dass ich schon bald nach der Machtübernahme Pimpf im Jungvolk (Teil der Hitlerjugend) wurde. Ich habe sogar noch eine Straßenschlägerei mit einer anderen, ich glaube, christlichen Jugendgruppe persönlich miterlebt, freilich, ohne beteiligt gewesen zu sein. Solche »gegnerischen« Jugendgruppen gab es wenige Monate später nicht mehr; sie waren verboten und aufgelöst worden. Ich war also jetzt ein Pimpf des Führers und ging mit gemischten Gefühlen zu dem Jungvolkdienst, der ein- oder zweimal monatlich stattfand und wo ich nützliche Dinge lernte wie strammstehen, marschieren oder des Führers Lebenslauf. Aber man hatte mir ja schon beigebracht, dass ein deutscher Junge kein Muttersöhnchen ist, sondern begeistert seinem Pimpfendienst nachkommt. Die geforderte Begeisterung stellte sich dann prompt mit etwa acht oder neun Jahren ein.

Schneller als gedacht musste ich diese Pimpfenuniform wieder ausziehen, denn – du wirst es kaum glauben – wer damals in eine Napola eintrat, musste aus der Hitlerjugend austreten. Nicht etwa aus ideologischen Gründen, sondern weil Reichsminister Rust von Anfang an jeglichen Einfluss der HJ auf die Napolas verhindern wollte. Aber auch diese Zeit außerhalb der HJ war kurz bemessen. Im September 1936 wurde die NPEA Oranienstein korporativ in die HJ aufgenommen, nachdem das »Reichsjugendgesetz« bestimmt hatte, dass jeder jugendliche Deutsche ab dem 10. Lebensjahr Mitglied der Hitlerjugend sein müsse. Praktische Folge für die Napola Oranienstein: das Raucherzimmer, das bei uns den Oberprimanern zur Verfügung stand, musste abgeschafft werden, denn »ein Hitlerjunge raucht nicht«. Meines Wissens hat die HJ später nicht einmal den Versuch unternommen, Einfluss auf die Napolas auszuüben. Sie stürzte sich auf die inzwischen von Schirach und Ley gegründeten Adolf-Hitler-Schulen.

Die Nationalpolitische Erziehungsanstalt Oranienstein

Damit können wir wohl das Kapitel deiner Kindheit und frühen Jugend in Wiesbaden beenden. Wir wenden uns nunmehr deinem Lebensabschnitt vom 10. bis zum 17. Lebensjahr zu. In dieser Zeit warst du in einer Nationalpolitischen Erziehungsanstalt oder, wie man heute sagt, du warst ein Eliteschüler Hitlers ...

Ich sage lieber, ich war des Teufels Kadett.

Gut, dann frage ich also: wie wurde man des Teufels Kadett? Meldeten die Eltern ihre Kinder zu dieser Schule an oder musste man von der Volksschule oder der Partei beziehungsweise der HJ hierzu aufgefordert werden?

Ja, wie kam man auf eine Napola, auf eine Eliteschule des Dritten Reiches? Wie so vieles in dieser Zeit war es ganz anders, vor allem wesentlich weniger geordnet, als man heute glaubt. Bei mir spielte der frühe Tod meines Vaters die entscheidende Rolle. Der Sohn eines Nachbarn, der aus Berlin nach Wiesbaden versetzt worden war, besuchte die Napola Potsdam. Dieser Nachbar wies meine Mutter auf die neuen Schulen hin und meinte, das sei das Richtige für mich, einen Jungen, der in einem reinen Frauenhaushalt nicht gut aufgehoben sei. Zur gleichen Zeit wohnte der vorher erwähnte Onkel Wilhelm bei uns. Auch er hatte als ehemaliger Kadett von der Wiedereröffnung der früheren Kadettenanstalten gehört und unterstützte die Idee unseres Nachbarn. Meine Mutter war schnell überzeugt, hatte man ihr doch erzählt, dass in diesen Anstalten die Schüler vor allem streng zu Ordnung und Disziplin erzogen würden, womit die nach ihrer Ansicht wichtigste Voraussetzung einer guten Erziehung gewährleistet war.

Ich wurde also Anfang 1936 zur einwöchigen Aufnahmeprüfung angemeldet und fuhr an einem Sonntag mit meiner Mutter per Eisenbahn nach Diez a. d. Lahn. Vom Bahnhof erreichte man in einer halben Stunde zu Fuß das schöne Barockschloss Oranienstein, das die neue Erziehungsstätte beherbergte.

Immer wieder werde ich gefragt, ob es nicht sehr schwer für mich gewesen sei, im Alter von weniger als zehn Jahren das Elternhaus zu verlassen. Offenbar war ich schon damals recht integrationsfähig, denn ich erinnere mich an die Begrüßung durch den Stubenältesten (ein Unterprimaner), der mich kurzerhand »Zepp« nannte, mir meinen Spind zuwies und anhand meiner Sachen den anderen Mitprüflingen vormachte, wie man einen Spind einräumt. Mitten in dieser für uns sehr wichtigen Vorführung wollte sich meine Mutter verabschieden. Zu ihrem Entsetzen drehte ich mich kurz um, sagte »auf Wiedersehen« und wandte mich wieder der Einräumung meines Spindes zu. Meine neue Welt nahm mich bereits voll und ganz in Anspruch.

Hast Du auch später niemals Heimweh verspürt?

Heimweh im Sinne einer wirklich schmerzlichen Erfahrung ist mir glücklicherweise erspart geblieben. Freilich, wenn ich in den ersten beiden Jahren mit meiner Schwester zum Wiesbadener Bahnhof ging, um nach dem Ende der Ferien den Bummelzug nach Diez zu besteigen, beneidete ich sie darum, dass sie wieder nach Hause zurückkehren durfte. Das war jedoch nach etwa drei Jahren vorbei. Danach war diese Schule meine Welt, in der ich mich nicht nur wohl, sondern auch zu Hause fühlte. Dass zu diesem Wohlbefinden der persönliche Erfolg im Unterricht, im Sport sowie im sogenannten Anstaltsdienst eine Rolle spielte, sei nicht verschwiegen.

Wie war das bei deinen Mitschülern, warst du eine Ausnahme oder ging es den meisten anderen ähnlich wie dir?

Ich glaube, dass mein Fall typisch ist. Natürlich hat es Mitschüler gegeben, die im Alter von zehn oder zwölf Jahren unter Heimweh litten und sogar nach Hause zurückkehren mussten. Mit spätestens 14 Jahren war das meistens vorbei.

Vielleicht kommen wir später darauf zurück. Aber ich möchte doch hier schon einfügen, dass Schulen wie eine Napola keinesfalls für jeden jungen Menschen eine geeignete Erziehungsstätte sein können. Damit ist überhaupt kein Werturteil verbunden. Im Gegenteil, ausgeprägte Individualisten oder junge Menschen mit früh erkennbarer, außergewöhnlicher Begabung in den Natur- oder Geisteswissenschaften, also künftige Gelehrte oder auch Künstler, können nach meinem Urteil in einer solchen Schule irreparable Schäden an ihrer Persönlichkeit erleiden.

Es wird oft gesagt, die Schulen hätten nachhaltig versucht die Schüler von ihrem Elternhaus zu entfremden. Stimmt das?

Davon konnte, wenigstens in Oranienstein, überhaupt keine Rede sein. In Friedenszeiten erhielten wir circa alle sechs Wochen einen Heimaturlaub von Samstagmittag bis Sonntagabend. Da ihn nur diejenigen Schüler wahrnehmen konnten, die etwa zwei bis drei Eisenbahnstunden von Diez entfernt wohnten, haben sie häufig Mitschüler, deren Elternhaus weiter entfernt lag, mitgenommen. Ich habe nie etwas davon gehört, dass auch nur der leiseste Versuch unternommen worden wäre, einen Keil zwischen Schüler und Eltern zu treiben, auch dort nicht, wo die Gegnerschaft der Eltern zum Regime bekannt war.

Im Übrigen wurden die Eltern bei einer gravierenden Missetat ihres Sohnes, oder wenn die Versetzung gefährdet war, schriftlich von der Schulleitung informiert.

Kehren wir zu deiner Aufnahmeprüfung im Jahre 1936 zurück. Was und wie wurde geprüft, wie lange dauerte die Prüfung?

Wir Prüflinge lebten von Sonntagabend bis Samstagmittag in der Anstalt. Jeden Vormittag hatten wir Unterricht, wie wir ihn in der vierten Klasse einer Volksschule gewöhnt waren. Am Ende der Aufnahmeprüfung wurde durch die beteiligten Lehrer festgestellt, ob der Einzelne die Voraussetzungen zum Besuch eines normalen Gymnasiums erfüllte, nicht mehr, aber auch nicht weniger. Nachmittags war Sport oder »Geländedienst«. Letzterer Begriff bedarf der Erläuterung. Im sogenannten Geländedienst mussten wir z.B. auf einen Baum klettern (womit ich größte Schwierigkeiten hatte). Wir mussten aber auch auf dem Exerzierplatz der Anstalt auf nassen Baumstämmen über eine mit Wasser gefüllte Grube balancieren – und das Ende Februar! Im Sport wurde eine allgemeine, gute körperliche Leistungsfähigkeit erwartet. Genauer schaute man sich die Prüflinge an, wenn sie gegeneinander boxten. Von größter Bedeutung waren die Mutproben: ein Sprung vom Balkon in der ersten Etage des Schlosses in ein von älteren Schülern aufgehaltenes Sprungtuch und für Nichtschwimmer mehrere Sprünge vom Einmeterbrett ins tiefe Wasser.

Und das hast Du alles offenbar zur Zufriedenheit der Lehrer absolviert?

So muss es gewesen sein. Für mich als Nichtschwimmer war der erste Sprung ins tiefe Wasser entsetzlich. Aber von unserem Wiesbadener Nachbarn wusste ich, dass keine Chance hat, wer bei den Mutproben versagt.

Wie viele Prüflinge wart Ihr damals und wie viele wurden aufgenommen, kennst du noch irgendwelche Zahlen?

Genaue Zahlen weiß ich nicht mehr. Aber ich habe in Erinnerung, dass in Oranienstein im Jahre 1936 etwa 350 Anmeldungen vorlagen und dass etwas mehr als 30 aufgenommen wurden. Von diesen 30 gelangten sieben bis zum Abitur. In der Zwischenzeit kamen natürlich neue Schüler in unsere Klasse – heute würde man von Seiteneinsteigern sprechen –, so dass unsere Klasse am Ende der Schulzeit im Jahre 1943 (wir waren Abiturjahrgang 1944, d.h., in diesem Jahr hätten wir in Friedenszeiten zu Ostern unser Abitur abgelegt) insgesamt 19 Schüler umfasste.

Welche Rolle spielte bei der Aufnahme in eine Napola das Elternhaus, ich meine hier sowohl den Beruf des Vaters als auch die politische Gesinnung oder die Konfession?

Nach dem wichtigsten Merkmal in der damaligen Zeit hast du nicht gefragt, nämlich welche Rolle der Ariernachweis spielte. Um mit dem Letzteren zu beginnen: Alle Aufnahmeformulare der Napolas forderten, die arische Abstammung des Schülers durch den sogenannten großen Ariernachweis zu belegen. Später, in Oranienstein wohl ab 1937, kamen auch Rasseferenten der SS und nahmen eine »rassische Begutachtung«, u.a. durch Schädelmessungen, vor. Diese Veranstaltungen wurden kaum ernst genommen; ich erinnere mich an manche sarkastische Bemerkung des einen oder anderen Lehrers, insbesondere bei eklatanten Fehlurteilen. Ich selbst habe das weder mitgemacht noch habe ich Konkretes darüber erfahren und glaube sogar, dass im Laufe des Krieges dieser Unfug völlig eingestellt wurde. Aber der Ariernachweis blieb ehernes Gesetz.

Im Übrigen spielte das Elternhaus, das kann ich mit gutem Gewissen und sicher zu deinem Erstaunen sagen, keine Rolle, weder politisch noch konfessionell und schon gar nicht sozial. Zu meiner Klasse gehörte von 1936 bis zum Ende unserer Schulzeit der Sohn des Oberbürgermeisters einer preußischen Großstadt, der im Februar 1933 aus dem Amt gejagt wurde, weil er nicht nur SPD-Mann und als Gegner der NSDAP bekannt war, sondern weil er sich nach dem 30. Januar 1933 weigerte, die Hakenkreuzfahne auf dem Rathaus seiner Stadt hissen zu lassen. Und zwei Klassen unter mir war der Sohn eines sehr hohen, 1934 auf Befehl Hitlers ermordeten SA-Führers.

Es ist ein durch keinerlei Akten oder Zahlen zu belegendes, gleichwohl weit verbreitetes Vorurteil, in unsere Schulen seien bevorzugt die Söhne von NS-Funktionären oder alten Kämpfern aufgenommen worden. Ich weiß, dass sowohl der Neffe von Göring als auch ein Neffe von Blomberg (damals noch Reichskriegsminister) die Napola mangels ausreichender Leistungen verlassen mussten.

Weil es so amüsant ist, möchte ich eine Geschichte einfügen, die mir einer unserer Lehrer, der Zeuge des Vorgangs war, noch während der Schulzeit erzählte. Der Sohn eines Kreisleiters der Partei hatte bei uns (1937 oder 1938) die Aufnahmeprüfung nicht bestanden. Daraufhin verlangte seine Mutter, sofort von unserem Anstaltsleiter empfangen zu werden. Im Verlaufe der heftigen Auseinandersetzung zwischen beiden soll die Dame erklärt haben, sie werde spätestens morgen ihren guten Bekannten, den Reichsminister Dr. Goebbels über die unglaublichen Zustände an unserer Schule informieren. Worauf der Anstaltsleiter aufstand und höflich erklärt haben soll: »Und seien Sie, gnädige Frau, versichert, dass ich noch heute meinen Vorgesetzten, den Reichsminister Rust über Ihr unqualifiziertes Auftreten in meinem Büro informieren werde.«

Auch die Konfession der Eltern spielte keine Rolle. Ich könnte nicht einmal mit Sicherheit sagen, wer von meinen Mitschülern Protestant und wer Katholik war.

Schließlich hatte auch der soziale Hintergrund der Eltern keine Bedeutung. Das zeigt sich besonders in der Regelung des Schulgeldes, das auch für den Besuch einer Napola zu zahlen war. Der Vater hatte nach der Aufnahme seines Sohnes eine

Bestätigung vom Finanzamt oder vom Arbeitgeber über sein Einkommen vorzulegen, das Basis für die Berechnung des Erziehungsbeitrages war. Danach zahlten Väter der untersten Einkommensschichten (z.B. Arbeiter) 10.- Mark im Monat und Ärzte, Anwälte oder Unternehmer den Höchstbetrag von 120.- Mark. Daneben gab es meist nach mehrjähriger Zugehörigkeit zur Anstalt sowie bei guten Leistungen in Schule und Sport unter Berücksichtigung der sozialen Verhältnisse der Eltern auch Freistellen. Dass diese Freistellen überwiegend den Söhnen von Parteifunktionären zugute gekommen seien, ist ein Märchen.

Das konnte doch nur ein ganz bescheidener Beitrag zu den Kosten einer solchen Schule sein?

Natürlich bedurften unsere Schulen erheblicher staatlicher Zuschüsse, wie übrigens andere Schulen auch, nur bei uns in weit höherem Maße. Man muss ja bedenken, dass mit diesem Erziehungsbeitrag nicht nur Verpflegung und Unterkunft abgegolten waren, sondern die vollständige Bekleidung über viele Jahre, vor allem aber die großzügige Ausstattung der Schule mit Unterrichtsmitteln und allem, was eine umfassende sportliche Ausbildung ermöglichte, von Pferden bis zum Segelflugzeug.

Kannst du Zahlen nennen?

Keine belegbaren. Irgendwo habe ich einmal gehört, dass ein Napola-Schüler den Staat in den acht Jahren seiner Ausbildung rund 10 000.– Mark gekostet hätte, ein Betrag, der mir unter Berücksichtigung der damaligen Kosten- und Einkommensverhältnisse plausibel erscheint. Außerdem weiß ich, dass der entsprechende Etatposten des Landes Preußen sprunghaft anstieg, als die damaligen Stabilas in Napolas umgewandelt wurden.

Was ist eine Stabila ?

Stabila ist die Abkürzung für »Staatliche Bildungsanstalt«. Dies waren Internatsschulen, die anstelle der durch den Versailler Vertrag verbotenen preußischen Kadettenanstalten nach 1919 eingerichtet worden waren. Sie wurden vorzugsweise von Söhnen gefallener Offiziere oder von Auslandsdeutschen besucht. Die Stabilas wurden 1933 in Napolas umgewandelt und bildeten – besonders hinsichtlich der Erzieher –deren Keimzellen; so wurde Oranienstein von der ehemaligen Stabila Plön gegründet und mit den ersten Erziehern versorgt.

Du hattest mir vor unserem Gespräch gesagt, du wolltest in diesem Interview so weit wie möglich konkrete, eigene Erlebnisse festhalten und so wenig wie möglich Allgemeines über die Napolas sagen, Allgemeines, das man dank einer inzwischen recht reichhaltigen Literatur an anderer Stelle nachlesen kann.

Gleichwohl, worin siehst du den wesentlichen Unterschied zwischen einer normalen öffentlichen Schule und einer Napola?

Der entscheidende Unterschied liegt darin, dass man Napola-Schüler sozusagen rund um die Uhr war, 24 Stunden, Tag für Tag, Monat für Monat, mit Ausnahme der normalen Schulferien. Der Schüler eines öffentlichen Gymnasiums ist fünf Stunden täglich in der Schule, den Rest des Tages (und die Nacht) verbringt er im Elternhaus, wo er vor allfälligen Konflikten mit der Klassengemeinschaft Zuflucht und Ruhe finden kann.

Das hat weitreichendere Konsequenzen, als man gemeinhin annimmt. Aus meiner eigenen Erfahrung möchte ich sagen, dass die (teilweise unbewusste) Selbsterziehung der Schüler untereinander der entscheidende Punkt ist. In jedem Internat, nicht nur in einer Napola, muss der Zögling seinen Weg zwischen der Selbstbehauptung in der Gruppe Gleichaltriger und seiner Anpassung an diese Gruppe finden. Man erfährt sehr früh und gelegentlich auch schmerzlich, dass man nicht alleine auf der Welt ist, dass aber der Respekt der anderen ausbleibt, wenn aus der Anpassung eine totale Unterordnung wird. – Außerdem sind Sanktionen, die Gleichaltrige wegen eines Fehlverhaltens verhängen, wirksamer, weil die gegenüber Eltern und Lehrern so beliebte Ausrede des mangelnden Verständnisses der Alten für die Jugend nicht zieht.

Man kann den Unterschied auch in anderer Weise darstellen. In einer normalen Schule kommt es auf Leistungen vor allem im Unterricht und in geringerem Maße im Sport an. In erster Linie geistige, heute in bescheidenem Umfang auch körperliche Ertüchtigung sind das Ziel der Schule. In einer Napola trat als drittes, keinesfalls unwesentliches Element der Erziehung der sogenannte Anstaltsdienst hinzu. Er war militärisch organisiert, Lehrer und Schüler trugen Uniform. Es führte zu weit, hier auf Einzelheiten einzugehen; vieles wird sicher im Verlauf unseres Gespräches deutlicher werden. Vielleicht darf ich zusammenfassend und holzschnittartig Folgendes sagen:
- Der Schulunterricht wirkte auf den Geist, der Sport auf den Körper und der Anstaltsdienst auf den Charakter der Zöglinge.

- Die Schüler mussten sich nicht nur im Unterricht und im Sport bewähren, sondern auch im Anstaltsdienst. Darin bestand nach meiner Erfahrung die eigentliche Belastung für uns. Wir mussten uns bei allem und jedem bewähren, die Kontrolle durch Lehrer und Mitschüler währte so lange wie der Tag und sparte auch die Nacht nicht aus.

Nun wart ihr doch nicht nur ein gewöhnliches Internat, sondern eine Eliteschule des Dritten Reiches. Worin zeigte sich das?

Zunächst möchte ich ein Fragezeichen hinter das Wort »Eliteschule« setzen. Ja, nach der offiziellen Lesart des Regimes waren wir das. Unsere Schulen sollten »nicht die Führerschaft für eine bestimmte Berufsgruppe heranbilden, sondern geistige und weltanschauliche Führer in allen Berufen als politische Auslese des Dritten Reiches«. So hat es, von mir damals in einem internen Bericht frei zitiert, SS-Obergruppenführer August Heißmeyer in seinem Einleitungsreferat anlässlich einer Dienstbesprechung, die er als Inspekteur der Napolas mit Vertretern der Schüler aller Anstalten im Jahre 1942 anberaumt hatte, formuliert.

Ob wir diesen Anforderungen genügten, kann ich heute kaum noch beurteilen. Sicher ist für mich, dass wir nach heutigen Maßstäben insgesamt schwerlich als Elite bezeichnet werden können, weder die Schüler noch die Lehrer. Gewiss, wir hatten z.T. sehr gute Lehrer, von denen viele ebenso qualifizierte wie engagierte Pädagogen waren. Und wir hatten auch viele Schüler, die sich später als Bürger unseres Landes in unterschiedlichen Berufen, häufig in Spitzenpositionen, also als Angehörige unserer heutigen Elite, bewährt haben. Aber es gab auch Mitschüler, denen aufgrund ihrer früheren Zugehörigkeit zu einer Napola oder aus familiären Gründen ein Studium versagt blieb oder denen ganz schlicht das zum Erfolg notwendige Glück fehlte. Schließlich hatten wir in unseren Schulen, das sollte man nicht vergessen, einiges an Mittelmaß, bei den Lehrern ebenso wie bei den Schülern.

Deine Frage ist deswegen so schwierig zu beantworten, weil damalige und heutige Erziehung zur Elite (wo sie stattfindet) wenig Gemeinsamkeiten aufweist. Wir betrachten es heute als Ziel der Erziehung, junge Menschen zu Persönlichkeiten zu entwickeln, die zu selbständigem Denken und Handeln auf der Basis christlichabendländischer Wertvorstellungen in der Lage sind und die erkennen können, wann sie ihrem Gewissen zu folgen haben. Alle in einem jungen Menschen schlummernden Talente sollen gefördert werden. Für die Zöglinge einer Napola galten ganz andere Ziele, denen ihre Persönlichkeit dienstbar gemacht werden sollte. Es stand nicht der Mensch im Mittelpunkt aller pädagogischen Bestrebungen, sondern die Idee. Zwar sollten uns alle Voraussetzungen vermittelt werden, damit wir später einmal tüchtige Menschen in unserem jeweiligen Beruf werden konnten. Unsere spätere Berufstätigkeit sollten wir jedoch stets als Dienst am deutschen Volk verstehen. Letzteres war natürlich nach damaliger Anschauung nur möglich als »Nationalsozialist und treuer Gefolgsmann des Führers«. Außerhalb von Nationalsozialismus und Führertreue konnte es keine Elite im Sinne des Regimes geben.

Du hast mir einmal von einem persönlichen Gespräch über Sinn und Zweck der Napolas mit einem hochrangigen SS-Führer erzählt, der in der Führung Eurer Schulen eine wichtige Rolle spielte. Erinnerst du dich daran?

Ja, aber lass mich bitte das Thema über deine Frage hinaus ausdehnen, weil ich dann über zwei persönliche Begegnungen berichten kann.

Es handelt sich im ersten Fall um die vorhin erwähnte Dienstbesprechung des Inspekteurs Heißmeyer mit den Jungmann-Hundertschaftsführern (heute: Schulsprecher) sämtlicher Napolas und zweitens um ein persönliches, durch Zufall zustande gekommenes Gespräch mit einem leitenden Mann der Inspektion der Napolas. Obwohl die Besprechung mit Heißmeyer im Grunde genommen unwichtige Details behandelte, möchte ich sie doch erwähnen; vermutlich bin ich der einzige Zeitzeuge, der über sie berichten kann. Außerdem sagt sie doch etwas über das Selbstverständnis der »alten« Napolas und deren Verhältnis zu den Kadettenanstalten aus.

Im Herbst 1942 wurden wir von Heißmeyer zu einer ersten (und einzigen) Dienstbesprechung in die Napola Klotzsche bei Dresden eingeladen. Die Besprechung dauerte zwei Tage und war ausgefüllt mit einem Grundsatzreferat des Inspekteurs, an das sich Einzelreferate einiger Erzieher zu bestimmten Themen des Anstaltsdienstes anschlossen; nach jedem Vortrag wurden wir zur Stellungnahme aufgefordert.

Einzelheiten sind mir nicht mehr in Erinnerung, wohl aber einige Ausführungen von Heißmeyer in seinem Einleitungsreferat. Zunächst beschäftigte er sich mit Ansehen und Ruf der Anstalten im Allgemeinen und bei der Wehrmacht im Besonderen. Er beklagte mit für die damaligen Verhältnisse an die Grenze des Zulässigen stoßenden Worten das mangelnde Interesse des Führers für unsere Anstalten. Ein einziges Mal habe er ihn, Heißmeyer, empfangen, und zwar nach dem Westfeldzug, als das Oberkommando des Heeres Hitler auf die ausgezeichnete Bewährung ehemaliger Napola-Schüler als junge Offiziere hingewiesen hatte. Hitler habe sich die erläuternden Ausführungen von Heißmeyer angehört und anschließend kurz und bündig befohlen, die Zahl dieser Schulen auf 100 zu erhöhen. Aus dem Vortrag von Heißmeyer war unschwer herauszuhören, dass er über diese befohlene (und niemals verwirklichte) Expansion keinesfalls glücklich war.

In diesem Zusammenhang erzählte Heißmeyer, dass das OKH (Oberkommando des Heeres) beantragt hätte, wieder Kadettenanstalten zur Sicherung des Offiziersnachwuchses einzurichten. Der Antrag des OKH soll von Hitler unter Hinweis auf die Napolas abgelehnt worden sein. Später hörte ich, dies sei die Geburtsstunde der (wiedererstandenen) Heeresunteroffiziersvorschulen gewesen. In der Praxis hatte das OKH Hitler ein Schnippchen geschlagen: Die Zöglinge der Unteroffiziersvorschulen wurden so sorgfältig ausgewählt und so gut ausgebildet, dass viele von ihnen genau so schnell wie meine Mitschüler Offiziere wurden.

Ein weiteres Detail aus der Besprechung mit Heißmeyer möchte ich erwähnen, obwohl es sich dabei um einen Vorgang handelt, der heute völlig uninteressant ist, uns damals aber sehr bewegte. Geradezu beiläufig erwähnte Heißmeyer in seinem Referat, dass demnächst die Schulterklappen mit den Traditionsfarben der preußischen Kadettenanstalten abgeschafft und durch einheitliche schwarze Schulterklappen mit den Buchstaben »NPEA« in weißer Farbe und weißer Paspelierung ersetzt würden. Diese Bemerkung rief beinahe einen Sturm der Entrüstung bei den Vertretern von Plön, Potsdam, Köslin, Stuhm und Oranienstein hervor. Wir betrachteten diese farbigen Schulterklappen – so würde man es heute ausdrücken – als Teil unserer Identität. Nach einer sehr offenen Debatte erklärte Heißmeyer, er habe nicht gewusst, dass die Traditionsschulterklappen und die Rangabzeichen der früheren Kadettenanstalten eine solche Bedeutung für uns hätten. Er wolle sich die ganze Sache noch einmal überlegen und würde mit uns sprechen, wenn eine Entscheidung zu fällen sei. Es fiel eine Entscheidung gegen unsere Schulterklappen, irgendwann nachdem ich die Schule verlassen hatte; von einem weiteren Gespräch mit Heißmeyer ist mir nichts bekannt.

Wenn Heißmeyer hier als relativ liberaler, verständnisvoller Funktionär von Partei und Staat beschrieben wird, so deckt sich dies mit anderen Aussagen. Ein Erzieher erzählte mir nach dem Krieg, dass man ihn »August das Kind« oder »August der Träumer« genannt hätte. Er wachte übrigens mit bemerkenswerter Sorgfalt über den Familienstand, besonders ein etwaiges Junggesellendasein unserer Lehrer. Mir liegt die Ablichtung eines Briefes von Heißmeyer vom April 1939 vor, in dem er einen Oraniensteiner Erzieher, der sein 33. Lebensjahr vollendet hatte und in grober Vernachlässigung seiner Pflichten gegenüber dem deutschen Volk und dem Führer noch nicht verheiratet war, mitteilt: »Ich erwarte daher von Ihnen, dass Sie sich des letzten Sinnes Ihres Lebens bewusst werden und heiraten. Entschuldigungen nehme ich nicht an. Sie melden mir bis zum 31. Dezember d.J., dass Sie meinen Wunsch erfüllt haben.« (s. Abbildung S. 69) Der betreffende Erzieher hat geheiratet, allerdings erst nach Kriegsende.

Dieses recht harmlose Bild Heißmeyers steht in einem krassen Gegensatz zu seinem Verhalten am Ende des Krieges. Es ist belegt, dass er im April 1945 fünfzehn- und sechzehnjährige Schüler der Napola Potsdam zur Verteidigung Berlins abkommandierte. Viele von ihnen mussten diese völlig sinnlose Anordnung Heißmeyers mit ihrem Leben bezahlen. Er selbst setzte sich rechtzeitig in den Westen ab.

Es ist doch immer dasselbe: Idealistische Jugendliche werden von Ideologen verführt bis zur Todesbereitschaft, und wenn es ernst wird, retten die Verführer ihre eigene Haut. Aber du wolltest ja noch über ein weiteres Gespräch berichten.

Ja. Im Januar 1943 besuchte Dr. Adam, SS-Standartenführer und Personalreferent der »Dienststelle SS Obergruppenführer Heißmeyer« (das war die Bezeichnung der Funktion Heißmeyers in der SS) unsere Anstalt. Dr. Adam war zugleich der Personalreferent der SS-Mannschaftshäuser, einer damals wie heute weitgehend unbekannten Einrichtung. Es handelte sich bei diesen Mannschaftshäusern um Gemeinschaftsunterkünfte für Studenten, die der allgemeinen SS angehörten und die in ihrem Studium von der SS »begleitet« wurden. Diese Personalunion eines Personalreferenten beider Institutionen, der Napolas und der Mannschaftshäuser, war gewiss Ausfluss einer langfristigen Strategie der SS, die auf eine Alleinherrschaft über die Napolas ausgerichtet war. Dr. Adam konnte dafür sorgen, dass der Einfluss der SS auf die Napolas über die Erzieher, deren Auswahl seiner Mitwirkung bedurfte, nachhaltig gesichert wurde.

Das war insofern wichtig, als zu jener Zeit (Januar 1943) der Einfluss der SS auf die Napolas geringer war, als es die Position eines SS-Obergruppenführers an der Spitze vermuten lässt. In der Beamtenhierarchie war immer noch Reichsminister Rust der Vorgesetzte von Heißmeyer, der sich offiziell »Inspekteur der Nationalpolitischen Erziehungsanstalten« nannte. Es gibt ehemalige Napola-Schüler, die der Meinung sind, Heißmeyer habe aus der Verbindung seiner beamtenrechtlichen Position mit einem hohen SS-Rang die Anstalten vor Himmler besser beschützen können, als es einem Beamten ohne SS-Rang möglich gewesen wäre. Mag sein. Jedenfalls war – mindestens in Oranienstein – von einem Einfluss der SS auf den Unterricht, den Sport oder den Anstaltsdienst bis 1943 nichts zu spüren.

Den nächsten Schritt zum Ausbau der Herrschaft der SS über die Napolas habe ich nicht mehr miterlebt. Ich glaube, im Jahre 1943 wurden die HJ-Armbinden auf den Anstaltsuniformen durch den Adler der Waffen-SS ersetzt und für die Erzieher Dienstgradbezeichnungen der SS eingeführt (»NPEA-Untersturmführer« = Studienreferendar, »NPEA-Sturmbannführer = Studienrat etc.). Diese neuen Dienstgrade sind aber nach allem, was ich weiß, in den meisten Napolas nie tatsächlich eingeführt worden. Der Vorgang ist ein geradezu klassisches Beispiel für die Manipulation von Menschen im Dritten Reich. Vom NPEA-Sturmbannführer zum SS-Sturmbannführer wäre es wahrscheinlich nur eine Frage der Zeit gewesen, bis sich die Erzieher eines Tages in der SS wiedergefunden hätten.

Dr. Adam kam an einem Sonntagabend in Oranienstein an. Da ein Erzieher erst am späteren Abend verfügbar war, wurde ich beauftragt den hohen Gast zu empfangen und in die Erziehermesse zu begleiten. So kam ich zu einem längeren Gespräch mit diesem wichtigen Mann, ein Gespräch, in dessen Verlauf er mir erklärte, es werde angestrebt die Napolas zu Erziehungsstätten zu entwickeln, die eine Kombination zwischen englischer Public School und Jesuitenseminar darstellten.

Hier zeigt sich ein Widerspruch im Erziehungskonzept der Napolas, dessen Bedeutung ich für wichtig, ja, geradezu fundamental halte. Einerseits wollte man uns zu führergläubigen Nationalsozialisten erziehen, andererseits zu kritisch denkenden, selbstbewussten Persönlichkeiten. Beides ist auf die Dauer unvereinbar. Was bei jedem Einzelnen von uns in einem späteren Leben unter nationalsozialistischer Herrschaft die Oberhand gewonnen hätte, weiß niemand. Erziehungsziel der englischen Public Schools ist die selbständig denkende und handelnde Persönlichkeit. In den Jesuitenseminaren sollen hingegen gläubige und absolut zuverlässige Diener der katholischen Kirche auf hohem intellektuellem Niveau ausgebildet werden. Auch diese beiden Prinzipien dürften in ein und derselben Erziehungsstätte schwerlich zu verwirklichen sein.

Im Verlauf unseres Gesprächs sagte Dr. Adam u.a., dass, falls ich einmal Erzieher an einer Napola werden wollte, mir im Rahmen der SS-Mannschaftshäuser ein kostenloses Studium mit freier Fächerwahl und einem einjährigen Auslandsaufenthalt gewährt würde. Dieses Gespräch mit Dr. Adam ist mir als sehr unkompliziert in Erinnerung. Es wurde von dem außergewöhnlichen hierarchischen (und Alters-) Abstand zwischen uns in keiner Weise belastet. Freilich, ich war mehr Zuhörer als Sprechender.

Es wäre doch interessant, etwas mehr über eure Lehrer zu erfahren. Was hatten sie für eine Ausbildung, wie war euer Verhältnis zu ihnen und wie beurteilst du sie heute?

Das ist ein ganzes Bündel von Fragen, die schon deswegen schwierig zu beantworten sind, weil es den Erzieher an einer Napola nicht gab.

54

Trotzdem will ich versuchen aus meiner Erfahrung einige typische Merkmale zu beschreiben. Zunächst waren in Oranienstein sämtliche Lehrer gleichzeitig Erzieher. Wir hatten bei uns im Gegensatz zu der einen oder anderen Napola oder den früheren Kadettenanstalten keine »Zivilisten« als Lehrer. Ferner waren die Lehrer ausnahmslos Studienassessoren oder Studienräte beziehungsweise Oberstudienräte. Sie hatten die üblichen Fächerkombinationen mit der Maßgabe, dass überdurchschnittlich viele die Lehrbefugnis für das Fach »Sport« hatten.

Das war insbesondere für die jüngeren Erzieher wichtig, die, meist unverheiratet, den Anstaltsdienst versahen. Sie waren Führer eines Zuges (= Klasse) und lebten zwischen unseren Stuben in einem Erzieherzimmer, das ihnen als Wohn-, Arbeits- und Schlafzimmer diente. Ihre Hauptaufgabe war die Betreuung der Schüler am Nachmittag (Sport) und am Abend (Freizeit oder Heimabend); sie waren für die Disziplin ihres Zuges sowie für die Integration des Einzelnen in die Klassengemeinschaft verantwortlich; hierbei wurden sie von Stubenältesten (in den ersten vier Jahren ältere Schüler, danach aus der eigenen Klasse) unterstützt.

Wie wurden eure Lehrer ausgewählt?

Aus eigener Erfahrung kann ich hierzu wenig sagen. Am Anfang, also in den Jahren 1934 bis 1936, meldeten sich – meist junge – Lehrer von sich aus zu einer Napola. Die Entscheidung über ihre Aufnahme lag beim jeweiligen Anstaltsleiter, der überhaupt eine sehr starke Stellung mit weitgehenden Entscheidungsbefugnissen einnahm. Später gab es auch Erlasse, wonach besonders geeignete Studenten oder Studienreferendare der Inspektion in Berlin gemeldet werden sollten. Insbesondere gab es schon vor dem Krieg ein gemeinsames Studienseminar an der Napola Potsdam. Hier beendeten die künftigen Erzieher einer Napola ihre Referendarausbildung mit einer gesonderten Assessorenprüfung.

Wichtiger ist vielleicht noch die Frage nach der politischen Haltung eurer Lehrer.

Zunächst unterliegt es für mich keinem Zweifel, dass unsere Lehrer überzeugte Nationalsozialisten waren. Soweit ich weiß, waren sie samt und sonders Mitglieder der Partei, allerdings ohne eine Funktion. Einige waren in der SA, keiner hatte jedoch den Rang eines Sturmführers (Leutnant). Nur drei unserer Erzieher waren Mitglieder der allgemeinen SS, zwei von ihnen als Untersturmführer (Leutnant).

An dieser Stelle möchte ich eine Kuriosität erwähnen, die mir in der nachträglichen Betrachtung von Hierarchien im Dritten Reich einfiel. Einige unserer Erzieher gehörten, wie gesagt, der SA an, meistens im Rang eines Scharführers oder Truppführers (Unteroffizier oder Feldwebel). Ihr Vorgesetzter und der Verantwortliche für den alle vier Wochen stattfindenden sonntäglichen(!) Dienst war ein Sturmführer (Leutnant), der natürlich auch einen Zivilberuf hatte. Er war unser Anstaltsgärtner.

Während dieser Gärtner in der Woche seine Gartenarbeit verrichtete, gingen die Herren Erzieher mit blank geputzten Stiefeln und sauberen Händen an ihm vorbei zum Unterricht. Aber einmal im Monat war er der Chef und alle Studienräte standen stramm, wenn er es befahl. Das gab ihm offenbar Zufriedenheit für die nächsten Wochen. – Diese Konstellation war gewiss ein Zufall, aber prinzipiell doch Teil eines geschickten Kalküls der Diktatur. Die neuen Hierarchien der zahlreichen Parteiorganisationen gaben ungezählten »Volksgenossen« Prestige und gelegentlich auch ein Stück Macht, die sie in ihren Berufen nie erreicht hätten. Der Mensch ist eben mit Macht und Prestige (Orden) relativ leicht zufrieden zu stellen, nicht nur mit Geld.

Das ist ja ein ganz interessanter Aspekt des Regimes. Aber kommen wir zurück auf die politische Gesinnung eurer Lehrer.

Soweit meine Erinnerung an unsere Erzieher reicht, lassen sie sich – notwendigerweise vereinfacht – in drei Kategorien einteilen:

Da war der (scheinbar oder wirklich) zutiefst überzeugte Nationalsozialist, dem u.a. die weltanschauliche Schulung oblag. Ein brillanter Kopf (Germanistik, Latein, evangelische Religion) sowie ein hervorragender Pädagoge und Redner. Sein Deutschunterricht war hinreißend und selbst den Lateinunterricht wusste er spannend zu gestalten. Andererseits habe ich miterlebt, wie er drei meiner Klassenkameraden mit einer Härte und – ich sage das wohlüberlegt – Unmenschlichkeit geschliffen hat, die heute unvorstellbar ist. Der Anlass war so banal, dass ich mir als Motiv nur Sadismus vorstellen kann. Da dieser Erzieher bei uns eine besonders wichtige Rolle, im Guten wie im Bösen, spielte, nenne ich ihn der Einfachheit halber von nun an »Dr. Weiß«. Er wurde alsbald nach Kriegsende Oberstudiendirektor und Leiter eines norddeutschen Gymnasiums.

Dann waren da die jungen, stark sportlich orientierten Idealisten, die meist auch sehr gute Lehrer waren. Und dann gab es die mehr bürgerlichen Typen, denen die Uniform nicht so recht zu behagen schien.

In wirklich schlechter Erinnerung habe ich noch einen Lehrer, dem es eine Freude zu bereiten schien, elf- und zwölfjährige Schüler zu schleifen, teilweise dadurch, dass er Sprünge vom Dreimeterbrett in die Lahn befahl, bei denen sie fast zwangsläufig sehr schmerzhaft auf Bauch oder Rücken landeten. - Ferner erinnere ich mich an einen anderen Lehrer, der zwar nicht bösartig war, den ich jedoch wegen seiner Umgangsformen als »Unteroffizier mit akademischer Ausbildung« bezeichnen möchte.

Den letzten Teil meiner Frage, nämlich nach eurem Verhältnis zu den
Erziehern, solltest du noch beantworten.

Wichtig für das Lehrer – Schüler- Verhältnis in unserer Anstalt
war das im Durchschnitt geradezu jugendliche Alter unserer
Erzieher. Der Anstaltsleiter und sein Vertreter, der Unterrichtsleiter, waren, als ich 1936 eintrat, noch keine 40 Jahre alt. Einige
wenige Erzieher hatten am Ersten Weltkrieg teilgenommen,
waren also etwas älter. Die Übrigen waren noch Assessoren
und etwa zwischen 1905 und 1910 geboren.

Ein weiterer Aspekt war die militärische Organisation unserer
Schule. Dadurch hatte auch ein sehr junger Erzieher automa-
tisch eine Art »Autoritätsvorsprung«.

Schließlich sollten Erzieher und Schüler unserer Anstalt ein
besonders enges Glied der Volksgemeinschaft sein, wodurch
unser Verhältnis zu den Erziehern eine kameradschaftliche
Komponente erhielt. Sie erreichte ihren Höhepunkt in den
Geländespielen, an denen die jüngeren Erzieher teilnehmen
mussten und wo »gegnerische« Schüler die Erzieher bei der
Rauferei keinesfalls milder behandelten als ihre Mitschüler; so
mancher Referendar setzte nach einem solchen Geländespiel
seine Ausbildung lieber an einer anderen Schule fort. Es gab
auch Napolas, in denen die Erzieher geduzt wurden, was uns
in Oranienstein sowohl fremd als auch befremdlich war.

Ich möchte an dieser Stelle nochmals auf die starke Stellung des
Anstaltsleiters hinweisen. Er entschied nicht nur darüber, ob
die Erzieher von ihren Schülern geduzt wurden, sondern präg-
te den Korpsgeist seiner Napola. Es gab Anstalten, in denen das
Militärische sehr stark betont wurde. Einer unserer Erzieher,
der zeitweise an eine andere Napola abgestellt war, erzählte
uns, er hätte den Eindruck gehabt, dass dort die Schüler noch
im Bett die Hände an die Hosennaht legten. Vor kurzem habe

ich in von Mitschülern verfassten Büchern über die Napolas gelesen, dass dort ältere Schüler in Vorgesetztenfunktion mit jüngeren Mitschülern Strafexerzieren veranstalteten. Das wäre bei uns undenkbar gewesen. Überhaupt gewinne ich zunehmend den Eindruck, dass Oranienstein eine relativ zivile und liberale Napola war.

Du hast mir bei früheren Gelegenheiten wiederholt erzählt, dass in eurer Schule mitunter kritische Worte über die Partei oder einzelne Größen des Regimes gefallen seien, die man gerade an einer Napola nicht erwartet hätte. Was waren das für Bemerkungen und welchen Hintergrund hatten sie?

Bevor ich eine Reihe von Beispielen erzähle, muss ich etwas Grundsätzliches zu diesem Thema sagen. Es wäre völlig verfehlt und eine groteske Verkennung der Wirklichkeit, aus solchen Bemerkungen auf eine grundsätzliche Kritik an der Ideologie, am Regime oder an Hitler zu schließen. Einzelne Erscheinungen des Regimes, einzelne führende Persönlichkeiten, ja sogar die Partei insgesamt wurden gelegentlich sehr wohl kritisiert, wobei Hitler stets ausgeschlossen blieb. Von ernsthaftem, grundsätzlichem Widerspruch oder gar von Widerstand konnte weder bei Lehrern noch bei Schülern die Rede sein. Immerhin, heute sehe ich, dass solche Bemerkungen damals die Fähigkeit zu kritischem Denken nicht ganz haben verkümmern lassen.

Kannst du einmal Beispiele, die du noch in Erinnerung hast, erzählen?

An erster Stelle muss ich unseren Englischlehrer nennen. Am Tage nach der Kriegserklärung an die Vereinigten Staaten im Dezember 1941 meinten wir (damals 15 Jahre alt), nun ja, dann werden wir eben die Amerikaner auch noch besiegen. Daraufhin unser Lehrer: »Kennt ihr die Kapazität der amerikani-

schen Stahlindustrie, wisst ihr, wie viele Panzer und Flugzeuge
sie bauen und bemannen können?« Als wir leicht verwirrt
unsere Köpfe schüttelten, meinte er, das alles müsse man eben
wissen, bevor man sich ein Urteil erlaube.

Wir haben bei diesem – übrigens ausgezeichneten – Lehrer
sehr viele englische Lieder gelernt, die ich heute noch gelegentlich mit Vergnügen singe. Als wir ein pathetisches Loblied
auf den englischen Soldaten lernten, meinten wir, so gut wie
der deutsche Soldat sei der englische doch nicht. »Ein Weltreich
erobert man nur mit vorzüglichen Soldaten; das sollten wir nie
vergessen«, war der Kommentar unseres Lehrers. Bei anderer
Gelegenheit bestrafte er einen Mitschüler, der ein Kruzifix
entstellt hatte mit der Begründung, ein anständiger Mensch
respektiere die religiösen Gefühle seiner Mitmenschen.

*Nun stellen diese Bemerkungen ja noch keine wirkliche Regimekritik
dar.*

Du hast Recht, sie sind mehr Ausdruck eines gesunden Menschenverstandes oder menschlichen Anstands. Aber es fielen
doch auch kritische oder gar boshafte Bemerkungen, die denjenigen, der sie äußerte, sehr wohl in beträchtliche Schwierigkeiten hätte bringen können. Wenn z.B. der vorher erwähnte
Dr. Weiß den Gauleiter Sprenger (Hessen-Nassau) als »braunen
Popanz« bezeichnete, dann fanden wir das amüsant, was andere als Verstoß gegen das berüchtigte Heimtückegesetz ausge-
legt hätten. Über diesen Gauleiter, der früher Postbeamter war,
witzelten wir: »Ja, er kämpfte schon vor 1933 Schalter an
Schalter.«

Was ich noch schildern kann, sind eigentlich nur Beispiele
dafür, wie wir neben aller Beeinflussung im Sinne des Regimes
immer wieder – gewollt oder ungewollt – zu kritischem Nach-
denken veranlasst und zur Beachtung bürgerlicher Anstands-
regeln angehalten wurden.

Besonders beliebt war unser Musiklehrer, nicht nur weil er unter 30 Jahre alt war, sondern auch ein hervorragender Pianist und ein ausgesprochener Jazzfan (würde man heute sagen). Ich sehe ihn noch, wie er uns die wunderschöne Barockorgel im Festsaal (vor 1934 und heute wieder Kapelle) unseres Schlosses erklärte, sich vergewisserte, dass die Fenster geschlossen waren, um dann ein für uns aufregendes Jazzkonzert auf der Orgel zu spielen. Bei anderer Gelegenheit sagte er, man könne sagen, was man wolle, aber Richard Tauber sei einer der größten Sänger unserer Zeit. Für Nachgeborene: Tauber war der vielleicht populärste deutsche Sänger in den zwanziger Jahren, hatte aber als Jude Deutschland verlassen müssen. – Schließlich ist mir noch in Erinnerung, wie dieser Lehrer uns mit Robert Schumann als Musikkritiker vertraut machte. Er wählte dafür eine lobende Kritik von Schumann für ein Konzert von Mendelssohn-Bartholdy aus, kommentarlos.

Der mehrfach zitierte Dr. Weiß konfrontierte uns eines Tages im Deutschunterricht mit einer Folge von Wehrmachtsberichten über den Krieg in Nordafrika. Es ging um die Schlacht von El Alamein. Das OKW berichtete: Deutsche Truppen dringen erfolgreich in die englischen Stellungen ein. Dann erobern sie – wieder erfolgreich – die Stellungen und unternehmen anschließend erfolgreiche Angriffe aus der El-Alamein- Stellung heraus. Wenige Tage später wurde gemeldet, die Wehrmacht habe britische Angriffe auf die Stellungen erfolgreich abgewehrt und schließlich war die Rede von der erfolgreichen Abwehr britischer Angriffe aus den El-Alamein-Stellungen heraus. Kurz gesagt, Dr. Weiß führte uns vor, wie geschickt der Bericht des OKW immer von »erfolgreichen« Kämpfen redete, während der aufmerksame Leser erkannte, dass die Schlacht um El Alamein verloren war. Dies mag heute banal klingen. Wer während des Krieges die höhere Schule besuchte, wird wissen, dass solche sprachkritischen Untersuchungen der OKW-Berichte eine ganz seltene Ausnahme waren.

Ein kurioses Erlebnis ist mir aus einer Geschichtsstunde in Erinnerung. Unser Lehrer, der zu den oben erwähnten bürgerlichen Typen gehörte, behandelte die sechs verschiedenen Herrschaftsformen nach Aristoteles. Ein Mitschüler kam – ganz harmlos – auf die Idee zu fragen, unter welcher dieser sechs Herrschaftsformen wir in Deutschland lebten. Unser Lehrer war offensichtlich vollkommen überrascht, fing sich jedoch nach einigen Sekunden des Nachdenkens und platzte dann fast mit einem Ausdruck des Zorns heraus mit dem Ausruf: »Nach den Kriterien des Aristoteles leben wir in einer Tyrannis.«

Wenn ich dir schließlich noch sage, dass wir beim Abgang von der Schule bestens über das 1933 geschlossene sexualkundliche Museum des Dr. Magnus Hirschfeld in Berlin in Details informiert waren, die ich hier nicht erwähnen möchte, wirst du dich gewiss wundern.

Allerdings, ich hätte nie geglaubt, dass euer Unterricht so breit gefächert war! Wie haben solche Bemerkungen auf euch, die ihr doch zu gläubigen Nationalsozialisten erzogen werden solltet, gewirkt?

An unserer Gesinnung hat sich dadurch überhaupt nichts geändert. Auch wenn ich mich jetzt wiederhole: Derartige Bemerkungen unserer Lehrer entsprangen keiner grundsätzlich kritischen Distanz zum Regime, sondern waren meist ganz einfach Äußerungen des gesunden Menschenverstandes im konkreten Einzelfall. Bezüglich des Dr. Weiß gehe ich einen Schritt weiter und sage, seine Kritik kam aus einem Überlegenheitsgefühl gegenüber den Parteibonzen (die bei uns auch als solche bezeichnet wurden), verbunden mit dem Missvergnügen, dass er keine seiner Intelligenz und seiner Regimetreue adäquate Position einnahm.

Für uns Schüler war noch etwas anderes wichtig, was mir ebenfalls erst nach dem Krieg klar wurde. Das war das sehr starke, mit einer heutigen Schule überhaupt nicht vergleichbare Gemeinschaftsgefühl, das Schülern und Lehrern (vielleicht mehr unbewusst als bewusst) die Sicherheit gab, im vertrauten Kreise ohne jegliche Gefahr freier sprechen zu können, als man es »denen draußen« gestatten konnte. Man war ja weltanschaulich über jeden Zweifel erhaben, daran konnten und sollten gelegentliche kritische Worte nichts ändern. Manches geschah aus Übermut und Freude am Widerspruch, in anderen Fällen wurde kritisiert, was nach unserer Meinung verbesserungsbedürftig war, wie z.B. die personelle Auswahl der Parteibonzen, bei der wir glaubten, es werde zu viel Rücksicht auf »alte Kämpfer« genommen. Ich halte es noch heute für völlig undenkbar, dass ein Lehrer oder ein Schüler solche Bemerkungen nach außen getragen hätte; er wäre jedenfalls seines Lebens in dieser Schule nicht mehr froh geworden.

Für das Verhältnis unserer Erzieher untereinander war noch die ziemlich große Homogenität des Lehrkörpers insgesamt wichtig. Was ich konkret meine, ist Folgendes: Weder gab es bei uns den Schulleiter, der dem Regime ablehnend gegenüberstand und der bei jeder kritischen Bemerkung in der Furcht leben musste, von einem seiner Kollegen oder gar einem Schüler denunziert zu werden, noch gab es das Gegenteil, nämlich den als alter Kämpfer in seine Direktorenposition gelangte Scharfmacher, in dessen Schule sich kein Lehrer traute (insbesondere, wenn er nicht Parteimitglied war), auch nur die leiseste Kritik an der Führung oder an der Ideologie zu äußern.

Diese Offenheit – so sehe ich das heute – blieb nicht ohne Folgen. Gestärkt im Bewusstsein, einer Elite anzugehören (wir waren ja weltanschaulich gefestigt), konnten wir der natürlichen Lust junger Menschen an Widerspruch und Kritik in einem Maße freien Lauf lassen, das an anderen Schulen wahrscheinlich nicht möglich war. Wir verfügten auch in einem Lesezimmer über einen sogenannten Giftschrank, in dem verbotene

Literatur (meist jüdischer Schriftsteller) verwahrt und auf Antrag an Schüler ausgegeben wurde.

All dies führte dazu, dass wir die Unterdrückungsmechanismen des Regimes, seine Rigidität, viel weniger spürten als andere. Wenn ich später auf unseren regelmäßigen Schüleraustausch mit den USA und mit England oder auf die englischen bzw. französischen Zeitungen in unserem Leseraum zu sprechen komme, wirst du eine andere Facette dieser relativen Freiheit kennen lernen.

Auch in den kleinen Dingen des Alltags war unser Dasein ambivalent. Einerseits lebten wir in einer ziemlich strammen militärischen Ordnung, andererseits veranlassten uns gerade die klar gezogenen Grenzen des Erlaubten, die verbliebenen Freiräume auszuloten, um uns mit umso größerer Freude jenseits des Erlaubten zu bewegen und die »Obrigkeit« zu überlisten. Dadurch lernten wir früh – salopp gesprochen –, wie man Vorgesetzte behandelt, was uns z.B. als Luftwaffenhelfer zustatten kam und gelegentlich unsere dortigen Vorgesetzten zur Verzweiflung brachte. Besonders beliebt waren nächtliche Gruppenausflüge der Oberprimaner nach Limburg (insgesamt vier Kilometer zu Fuß), um sich am Samstag kurz vor Mitternacht mit jungen Mädchen zu einem ein- oder zweistündigen Schäferstündchen zu treffen.

Wir waren eben ganz normale Jungen und keinesfalls in ein geistiges Korsett eingezwängte, pausenlose Marschierer.

3. Schuljahr der Lorcher Volksschule in Wiesbaden (1935)

Gesamtanlage der NPEA Oranienstein
von der anderen Lahnseite aus gesehen

Schloss Oranienstein

Der Verfasser (1936)

Zug (Klasse) des Verfassers (1937)

Der Verfasser (Ende 1942)

Zug des Verfassers; i.d.M. in Heeresuniform der Erzieher (1942)

Reitunterricht (1937)

Schüler und Erzieher musizieren im Festsaal (1936)

Landdienst in St. Wendel (1941)

Landdienst, Bruder Wiligis im Gespräch mit dem Gutsinspektor

Aufnahmen für den Film »Kopf hoch, Johannses«; links der
Regisseur Victor de Kowa (1940)

Ungarnreise, auf der Fischerbastei in Budapest (1942); Mitte unser
Fechtlehrer, ganz links Hitlers erstes Patenkind (1924) Adolf W.

Jungmann
Gruppenführer

Jungmann
Zugführer

Jungmann
Hundertschaftsführer

Die internen Rangabzeichen auf den Schulterklappen der NPEA Oranienstein

**Der Reichsminister
für Wissenschaft, Erziehung
und Volksbildung**

Inspektion
der Nationalpolitischen Erziehungsanstalten

24-02

Es wird gebeten, dieses Geschäftszeichen und den
Gegenstand bei weiteren Schreiben anzugeben.

Berlin W 8, den   5. April 1939.
Unter den Linden 59
Fernsprecher: 11 76 31
Drahtanschrift: Napezazentrale Berlin

- Der Inspekteur -

    Bei der Herbstübung der Nationalpolitischen Erziehungsanstalten im Jahr 1936 bei Melbeck habe ich allen Erziehern meinen Wunsch zum Ausdruck gebracht, daß die unverheirateten Erzieher ab 2. Assessorjahr aufwärts umgehend eine Ehe eingehen und eine Familie begründen möchten. Ich habe hinzugefügt, daß ich in einem Jahr keinen Erzieher dieser Altersklassen mehr unverheiratet antreffen möchte.

    Dieser Wunsch ist in erfreulicher Weise von den meisten Erziehern erfüllt worden trotz aller Schwierigkeiten, die dem entgegenstanden. Viele Kinder verdanken diesem Wunsche heute ihr Leben und wachsen als kommendes Deutschland heran.

    Mir ist bekannt, daß Sie, obwohl schon Studienrat und schon 33 Jahre alt zu den wenigen Erziehern gehören, die meinen Wunsch nicht befolgt haben.

    Mögen Ihre erzieherischen Leistungen auch gut sein, ein Erzieher an einer Nationalpolitischen Erziehungsanstalt kann in solchem Alter nicht ohne eigene Familie bleiben. Er soll Vorbild sein nicht nur in der Erfüllung seines Dienstes, sondern auch in der Befolgung der höchsten Pflicht seinen Ahnen und Deutschland gegenüber.

    Ich erwarte daher von Ihnen, daß Sie sich des letzten Sinnes Ihres Lebens bewußt werden und heiraten. Entschuldigungen nehme ich nicht an. Sie melden mir bis zum 31. Dezember d.J., daß Sie meinen Wunsch erfüllt haben.

    Herzlichen Gruß und

An den   Heil Hitler!

Studienrat

in

  Oranienstein

d.d.Leiter der Nationalpoli=
tischen Erziehungsanstalt

Ein Heiratsbefehl

73

Schulunterricht und weltanschauliche Schulung

Ich glaube, wir sollten jetzt etwas systematischer vorgehen. Warum folgen wir nicht in unserem weiteren Gespräch der von dir vorher erwähnten Dreiteilung in Unterricht, Sport und allgemeinen Anstaltsdienst?

Wenn es dir recht ist, beginnen wir mit dem Unterricht. Du hast mir einmal erzählt, dass euer Unterricht nach den Lehrplänen für ein preußisches Realgymnasium ablief. Wie war in diesem Rahmen die Gewichtung der Fächer, besonders aber, was ist über die Inhalte zu berichten. Gab es da nicht Unterschiede zu anderen Realgymnasien?

Was du über den Lehrplan sagst, ist richtig. Ich sollte hinzufügen, dass es zwei Napolas (Schulpforta und Ilfeld) gab, deren Lehrpläne denjenigen eines humanistischen Gymnasiums entsprachen. Über eine spezifische Gewichtung der Fächer kann ich nichts sagen; sie könnte man aus der Zahl der Wochenstunden pro Fach ablesen. In Erinnerung ist mir, dass dem Fach Biologie eine besondere Bedeutung zugemessen werden sollte. Hiervon habe ich jedoch wenig gespürt, abgesehen von der Tatsache, dass wir in der Oberstufe in diesem Fach einen besonders guten Lehrer hatten.

Verweilen wir bei der Biologie. Das Bemerkenswerteste ist rückblickend, dass die berüchtigte Rassenlehre in dem Unterricht, den ich in der Oberstufe erlebt habe, keine große Rolle spielte. Wir mussten zwar die Mendelschen Regeln an allerlei Pflanzen und Getier durchexerzieren und die dinarische von der nordischen Rasse unterscheiden können, aber ohne politisch-ideologische Infiltration. Um es schon an dieser Stelle zu sagen: Die Infiltration fand bei uns im Deutschunterricht und

ganz besonders im Rahmen der sogenannten weltanschaulichen Schulung statt.

Der Biologieunterricht bietet übrigens ein gutes Beispiel für die
hervorragende Ausstattung unserer Schule. Wir hatten für je
zwei Schüler ein Mikroskop zur Verfügung und waren (so
sagte man uns) die einzige Schule im Regierungsbezirk
Wiesbaden, die lebensgroße Hartwachsmodelle menschlicher
Muskeln und Eingeweide besaß und die durch ein Mikro-
projektionsgerät z.b. Einzeller aus Tümpeln an der Lahn für die
ganze Klasse auf einer Leinwand darstellen konnte. Ähnlich
gut waren die gesonderten Klassenräume für den Physik- und
Chemieunterricht (z.b. Gleichstrom-und Gasanschluss an
jedem Arbeitsplatz) ausgestattet.

*Aus früheren Gesprächen mit dir weiß ich, dass der Deutsch-
unterricht bei euch eine große Rolle spielte, insbesondere auch für die
politisch-weltanschauliche Schulung.*

Das ist richtig. Es kommt hinzu, dass in meiner Klasse der vorher erwähnte Dr. Weiß, eine ebenso faszinierende wie geistig
und charakterlich schillernde Persönlichkeit, diesen Unterricht
erteilte. Ich will deswegen über diesen Mann und seinen
Unterricht ausführlicher sprechen. Beides, Persönlichkeit und
Unterrichtsstoff, bietet ein lebendiges Bild der Erziehung an
unserer Schule, mit dem Vorteil, dass ich auf Originalaufzeich-
nungen aus dem Deutschunterricht zurückgreifen kann, die ich
noch besitze.

Beginnen wir mit diesen Aufzeichnungen, deren erste Seite
zwecks Einstieg in das Althochdeutsche die Frage zu beantworten versucht, warum wir uns mit einer *»geschichtlich und
kulturell abgeschlossenen Zeit«* beschäftigen. Antwort: Weder ein
Wissensüberblick über vergangene Tatsachen (antiquarische
Betrachtung) noch die Wiederbelebung eines Germanenkults

sind das Ziel, sondern *»wir verfolgen den sich ewig gleichbleibenden Blutstrom deutscher Kultur und Geschichte; wir sehen in den großen Gestalten unserer völkischen Vergangenheit und ihren Schöpfungen Zeugnisse unserer Art von vorbildhaftem Charakter (monumentalische Betrachtung).«* Wir wollen ferner *»aus den Fehlern vergangener Entwicklungen lernen. Wir wollen erkennen, wo unsere Art im Kampf mit anderen Lebensanschauungen liegt beziehungsweise gelegen hat. Überlagerung, Überschneidung und Überfremdung durch anders geartete, ungermanische Weltanschauungen ist dabei deutlich herauszuarbeiten (kritische Betrachtung).«* – *»Die Lebensgeschichte unseres eigenen Volkes wird zum Spiegelbild unseres Wesens. Es bleibt die Erkenntnis, dass sämtliche geschichtlichen und menschlichen Schicksale unseres Volkes Ausstrahlung oder Spiegelung seines rassisch geprägten, einmaligen Wesenskernes sind.«*

Das ist ja Blut- und- Boden- Ideologie als Basis der Geschichtsbetrachtung in Reinkultur!

Das stimmt, ist aber noch nicht alles. Gegen Ende der Einführung in das Althochdeutsche wird in einer Zusammenfassung *»der Gegensatz unseres Denkens zur liberalistischen Auffassung vom Menschen und der Welt«* herausgearbeitet. Da heißt es dann:

> *»Wir sehen heute in der geschichtlichen und kulturellen Entwicklung den Kampf der Menschen und der Völker um die Höchstwerte von Blut und Boden. Damit stehen wir im schroffen Gegensatz zur liberalistisch-marxistischen Behauptung der aus dem Westen importierten Milieutheorie, die den Menschen als Produkt der Verhältnisse entwertet.«*

Man braucht diese beiden Sätze gar nicht sorgfältig zu analysieren – so interessant das wäre –, um zu erkennen, welch haarsträubender Unfug uns damals serviert wurde. Ich will nicht zu lange bei Zitaten verweilen, möchte aber doch noch

die schlagwortartige Gegenüberstellung zitieren, mit der
diese Einführung in das Althochdeutsche abgeschlossen
wurde.

*Wir sagen: Der Mensch gestaltet im Lebenskampf aus den
Kräften und Werten seines Blutes die Umwelt.*
*Der Liberalismus sagt: Die Umwelt schafft und formt den
Menschen.*
Es stehen sich also gegenüber:
*Schöpferische Persönlichkeit (Wille) <–> schrankenloses
Individuum (Trieb)*
Freiheit und Verantwortung <–> Freizügigkeit und Egoismus
Gemeinschaft <–> Masse

Bevor dann Alfred Rosenberg (Chefideologe der Partei) einen
schwülstigen, von keiner wissenschaftlichen Erkenntnis be-
rührten Schlussakkord setzt, wird Goethe zitiert mit der »geprägten Form, die lebend sich entwickelt«. Nur eine Kostprobe
von Rosenberg:
*»Es ist innerste Lebensauffassung und Lebensweisheit und mythi-
sches Neuerleben uralten Wahrheitsgehaltes, wenn wir Meister
Hildebrand an Friedrich den Großen heranrücken ...«*

*Das ist ja wirklich haarsträubend, sich hier ausgerechnet auf
Friedrich II. (»der Große« geht mir als Sudetendeutschem und damit
ehemaligem Österreicher immer noch schwer über die Lippen) zu
berufen, der besser Französisch als Deutsch sprach. Hat denn euer
Lehrer diesen Quatsch geglaubt?*

Diese Frage werde ich nie beantworten können. Bei seiner Ausbildung in Germanistik, Latein und evangelischer Theologie an
der liberalen Universität eines demokratischen Gemeinwesens
mit großer Tradition der Geisteswissenschaften (Frankfurt am
Main in den zwanziger Jahren) kann ich mir nicht vorstellen,
dass Dr. Weiß diesen Unsinn geglaubt hat. Hier müssen

Opportunismus und Karrierestreben die Triebkraft gewesen sein.

Ich glaube, eure weltanschauliche Ausrichtung im Sinne des Nationalsozialismus im Rahmen des Deutschunterrichts haben wir ausreichend beleuchtet ...

... obwohl ich dazu z.B. beim Hildebrandslied, bei Otfrieds Evangelienharmonie oder beim Heliand noch schöne Beispiele liefern könnte.

Wichtiger ist für mich die Frage, was denn von all dem bei dir haften geblieben ist. Du hast doch später selbst Geschichte und Germanistik studiert. Ist dir der Abschied von deinen »Schulweisheiten« schwer gefallen?

Überhaupt nicht. So verschwommen, wie das ideologische Beiwerk in unserem Deutschunterricht war, so schnell ist es erloschen. Darf ich es einmal bildlich so formulieren: Wer 1946 nach der ersten germanistischen Vorlesung ein solch hohles Geschwätz noch ernst genommen hätte, dem hätte man dringend zur Wahl eines anderen Studienfaches raten sollen ... obwohl wir ja nach 1968 erkennen mussten, zu welcher grotesken und unrealistischen Geistesakrobatik Germanisten fähig sein können, wenn sie ihre politischen Ansichten zu formulieren versuchen.

Nach Säuberung vom ideologischen Beiwerk ist erstaunlich viel Faktenwissen geblieben. Gerade in meinem Germanistikstudium 1946 bis 1949, also gemeinsam mit denjenigen, die zwischen 1933 und 1945 die höhere Schule besucht hatten, konnte ich feststellen, dass ich ziemlich gut gerüstet in die Seminare kam. Wenn ich versuche zu vergleichen, lagen meine Kenntnisse sicher über dem Durchschnitt. Es gab nicht viele Kommilitonen, die das halbe Hildebrandslied oder die Merseburger Zaubersprüche auswendig vortragen (und interpretieren!) konnten oder die Strukturen der ersten sowie der zweiten Lautverschiebung mit den wichtigsten Beispielen im Kopf hatten.

Lass mich bitte noch einmal kurz auf den Unterricht von Dr. Weiß zurückkommen. Er hat es verstanden, selbst für Lautverschiebung und Merseburger Zaubersprüche unser Interesse zu wecken. Und wir hatten noch Spaß dabei, nachdem wir entdeckt hatten, dass man den Idisenspruch sehr schön nach Melodie und Takt des Lambeth-Walk singen konnte. Das wurde übrigens zu einer Art Sport bei uns. Später stellten wir fest, dass die Ballade von Betran de Born sehr gut zu der Schlagermelodie »Ich brauche keine Millionen, mir fehlt kein Pfennig zum Glück« passt.

Abschließend zum Thema Deutschunterricht möchte ich noch erwähnen, dass wir später (nach einem halben Jahr Mittelhochdeutsch und Minnesang bei einem anderen Lehrer) bei Dr. Weiß wiederum sehr intensiv den »Ackermann von Böhmen« des Johannes von Saaz behandelten, dann Ulrich von Hutten, Luther und schließlich Grimmelshausen. Unser literarisches Abiturthema lautete »Grimmelshausens Simplizissimus als Werk seiner Zeit und überzeitliches Dokument deutscher Art«. Zur Vervollständigung sei gesagt, dass das obligatorische politische Abiturthema »Die Propaganda als Waffe im Kriege« lautete.

Habt ihr denn noch ein richtiges Abitur gemacht? Ich dachte, während des Krieges habe es das nicht gegeben.

Im Prinzip hast du Recht. Wir haben aber noch im Januar 1943, vier Wochen bevor ich Luftwaffenhelfer wurde, Abiturarbeiten in Deutsch, Englisch (freie Nacherzählung eines in englischer Sprache vorgelesenen Textes), Latein (Übersetzung eines Textes von Sueton) und Mathematik (Differentialrechnung) geschrieben. Deren Bewertungen gingen in das Reifezeugnis ein, das uns zu dem Zeitpunkt zugestellt wurde, zu dem wir in Friedenszeiten unser Abitur abgelegt hätten (Ostern 1944).

Bisher haben wir nur über den Deutsch- und den Musikunterricht gesprochen. Wie sahen der naturwissenschaftliche und der fremdsprachliche Unterricht bei euch aus?

Zu den naturwissenschaftlichen Fächern möchte ich mich mangels Kompetenz nur sehr zurückhaltend äußern. Unser Chemielehrer stellte einmal fest, »Zempelin, in Chemie bist du unterbelichtet«. Vom Biologieunterricht haben wir schon gesprochen. Er war in seiner Wirkung nicht zuletzt deswegen so nachhaltig, weil unser Lehrer in der Oberstufe jede Biologiestunde mit Fragen zum Unterrichtsstoff der hinter uns liegenden Wochen begann, die meistens drohend mit den Worten eingeleitet wurden: »Herrschaften, das kommt im Abitur vor!« Die 6. Klasse (Sekunda) war während des ganzen Jahres dem Menschen gewidmet. Dank der erwähnten ständigen Wiederholungen sind mir viele Details jahrzehntelang in Erinnerung geblieben. Als ich in den siebziger Jahren am Blinddarm operiert werden musste, habe ich die erste (und richtige) Diagnose nach einer Methode gestellt, die ich im Biologieunterricht gelernt hatte.

In Chemie, Physik und Mathematik verliefen unsere Unterrichtsstunden vermutlich genauso wie an jeder anderen höheren Schule der damaligen Zeit. Vielleicht war die Geräteausstattung bei uns reichhaltiger. Von »arischer Physik« habe ich erst nach dem Krieg gehört.

Der Englischunterricht war erstklassig. Der Unterricht, den ich 1946 für ein halbes Jahr in einem Heidelberger Gymnasium genoss, konnte sich damit überhaupt nicht vergleichen.

Du denkst wohl an Dr. D. aus dem Heidelberger Gymnasium, bei dem
auch ich Englischunterricht hatte?

Ja, Dr. D. war vielleicht ein guter Kenner der englischen Grammatik und Literatur. Aber mit diesen Kenntnissen allein kann
man nicht die Fähigkeit vermitteln, sich mündlich und schriftlich einigermaßen sicher im Englischen zu bewegen.

Abgesehen von der Sexta unterrichteten uns bis zum Kriegsausbruch englische Lehrer in ihrer Sprache. Nach Kriegsausbruch hatten wir Englischunterricht bei einem Lehrer, der nach
dem Abitur und vor seinem Anglistikstudium in England als
kaufmännischer Angestellter gearbeitet hatte. Er war nicht nur
ein sehr guter Linguist, sondern beherrschte im Gegensatz zu
vielen seiner Kollegen vor 50 Jahren auch die Umgangssprache
in Phonetik und Grammatik geradezu meisterhaft. Er hatte in
Deutschland einmal einen Wettbewerb gewonnen, bei dem es
um die beste englische Aussprache ging (als Rheinländer war
er da natürlich gegenüber jedem Pfälzer oder gar Schwaben im
Vorteil).

Mir sind nicht nur die vorhin erwähnten kritischen Äußerungen unseres Englischlehrers in Erinnerung, sondern auch die
gute Auswahl der Lektüre, die er traf. Wir lernten dadurch
gleichzeitig sowohl englische Geschichte (z.B. die Eroberung
Kanadas, wovon ich bei meiner letzten USA-Reise noch profi-
tiert habe) als auch einiges über die uns völlig fremde Welt der
Wirtschaft (z.B. eine sehr ausführliche Biographie von John D.
Rockefeller) oder über europäische Kulturgeschichte aus englischer Sicht (z.B. in einer hervorragenden englischen Broschüre
über die Renaissance); ich erinnere mich noch, sie begann mit
den Worten: »Renaissance, Renaissance – that was the cry
which rang through Europe ...«

Da nach meiner Kenntnis heute in unseren Schulen sehr wenig gesungen wird, möchte ich noch einmal auf die englischen Lieder hinweisen, die mir die zwanglose Einübung der englischen Aussprache sehr erleichtert haben – und die zu singen mir noch heute viel Freude bereitet. Als Quartaner hatten wir gerade »John Brown's Body« gelernt, das berühmte Lied aus dem amerikanischen Bürgerkrieg, als unser neuer (und letzter) Lehrer aus England eintraf. Er hieß Davis und wir begrüßten ihn freudestrahlend mit der letzten Strophe von »John Brown's Body« mit »We'll hang Jeff Davis on a sour apple tree ...«

Du sprichst jetzt erstmals vom Unterricht in der Unterstufe, bisher ging es stets nur um die Oberstufe. Kannst du noch mehr von den ersten Jahren des Schulunterrichts erzählen?

Nur sehr wenig, weil mir einfach die Erinnerung fehlt. Außerdem war ich anfangs ein mittelmäßiger und daher auch nicht engagierter Schüler. Offensichtlich haben die Schuljahre in der Mittel- und Oberstufe, an die ich gerne zurückdenke, die schwachen Anfangsjahre in der Erinnerung überlagert. Ich glaube, der Unterricht in der Unterstufe hat sich überhaupt nicht von dem entsprechenden Unterricht an einem Realgymnasium – vielleicht mit Ausnahme der Englischstunden – unterschieden.

Auch hier möchte ich noch einmal betonen, dass fast alles von dem Lehrer abhing. Im ersten Lateinjahr (Quarta) war Dr. Weiß unser Lehrer und wir haben viel gelernt, fast mit einer gewissen Begeisterung. Dann bekamen wir einen jener sehr angenehmen, aber nicht effizienten »bürgerlichen« Lehrer, der leicht abzulenken war. Das haben wir weidlich ausgenutzt, mit der Folge, dass unser Unterrichtsleiter im letzten Schuljahr vor unserer Einberufung mit Entsetzen feststellte, dass er mit uns nicht den Tacitus lesen konnte.

Habt Ihr kein französisch gelernt?

Ja und nein. Französisch stand auf dem Lehrplan und sollte in den letzten drei Jahren gelehrt werden. Das war bei uns wegen des Krieges unmöglich. Ab etwa 1941 unterrichteten teilweise nur acht bis neun Lehrer an unserer Schule, später ergänzt durch Aushilfskräfte. Übrigens empfanden wir als damals 15- oder 16- Jährige diesen Mangel als so gravierend, dass wir einen unserer Lehrer baten, einer Gruppe von sechs Schülern abends auf freiwilliger Basis Unterricht in Französisch zu erteilen. Leider wurde dann auch dieser Lehrer nach einigen Monaten einberufen. Ich finde das insofern erwähnenswert, als wir in einer klar national, wenn nicht nationalistisch ausgerichteten Schule die Beherrschung der französischen Sprache (neben der englischen) als Teil einer Bildung ansahen, über die ein Deutscher, der künftig eine Führungsposition einnehmen will, verfügen muss.

Gab es bei euch auch so etwas wie eine musische Ausbildung?

Ja, die spielte in den ersten Jahren sogar eine wichtige Rolle. Wir verfügten über ein Anstaltsorchester, bestehend aus Erziehern und Schülern, sowie über einen Musikzug, einen Fanfarenzug und einen Spielmannszug. Über deren Qualität kann ich mich mangels Kompetenz nicht äußern, obwohl ich versuchte im Fanfarenzug meinen Beitrag zur musischen Gestaltung des Anstaltslebens zu leisten. Wenn ich mich recht erinnere, war unser Musikzug so gut, dass er die musikalische Begleitung zu dem Film »Kopf hoch, Johannes« selbst spielen durfte. Dieses Marschlied der Napolas, eigens für den Film komponiert, begann mit den Worten: »Unsere jungen Herzen sich vereinen, Vaterland in Liebe stets zu dir. Unsere Losung heißt mehr sein als scheinen und getreu der Losung leben wir …« Übrigens haben wir dann diese Losung in einen damals sehr populären Zarah-Leander-Schlager integriert:»Nur nicht aus Liebe weinen, auf unserm Messer steht, mehr sein als scheinen ... «

Da wir bei dem Thema Musik sind, möchte ich etwas sagen, was mich seit vielen Jahren bewegt. Ich meine den Einfluss von Liedern auf junge Menschen. Obwohl ich weiß, dass es vielen Altersgenossen ähnlich ergangen ist wie mir, kann ich natürlich letztlich nur für mich selbst sprechen. Ich habe am eigenen Leib verspürt, wie wahr das ist, was ich kürzlich las: wer singt, der denkt nicht. Was übrigens auch für die zeitgenössischen Rock- und- Pop- Bands gilt, die mit ihrer die Jugend begeisternden Musik politische Agitation betreiben, links ebenso wie rechts. Es gibt nach meiner Erfahrung kaum ein besseres und unmerklich wirkenderes Medium der politischen Verführung junger Menschen als das Lied. Je mitreißender die Melodie, desto weniger zählt der Text. In meiner (nicht systematisch überprüften) Erinnerung kamen in meiner Jugendzeit am häufigsten die Worte »Freiheit« und »Tod« in diesen Liedern vor, wobei »Freiheit« eine ganz andere Bedeutung hatte als heute.

Um was für unterschiedliche Arten von Freiheit hat es sich dabei gehandelt?

Wenn wir heute von »Freiheit« sprechen, meinen wir die Freiheit des einzelnen Menschen von Zwang, in der Regel ausgeübt durch den Staat oder gesellschaftliche Kollektive. Damals ging es allein um die »Freiheit des Vaterlandes« von den Fesseln von Versailles oder überhaupt um die Freiheit von »artfremden« Einflüssen. Um das zu verstehen, muss man die deutsche Geschichte zwischen 1648 und 1871 kennen. Erst die Gründung des Deutschen Reiches im Jahr 1871 führte zum Ende des bis dahin gültigen »Interventionsrechts raumfremder Mächte« (Frankreich, Schweden, Russland) in Deutschland. Diese für das ganze Deutschland gewonnene Freiheit des Handelns war zu meiner Jugendzeit noch nicht Geschichte, sondern vergangene Gegenwart. Die Helden von Sedan lebten noch unter uns. Deswegen war im Deutschland der dreißiger Jahre dieser auf die gesamte Nation, nicht auf das Individuum bezogene Freiheitsbegriff allgemeiner Sprachgebrauch.

Wir haben jetzt das Thema Schulunterricht ziemlich erschöpfend behandelt, jedoch ein auch heute wieder umstrittenes Fach ausgelassen: Wie hieltet ihr's mit der Religion?

Die Tatsache, dass ich diese Unterlassung bis jetzt nicht bemerkt habe, spricht schon für sich. Trotzdem, anfangs hatten wir sogar Religionsunterricht. Für die Protestanten war Dr. Weiß zuständig, während die Katholiken von einem Priester betreut wurden, der uns einmal wöchentlich aufsuchte. Plötzlich, ich glaube, es war Ende 1936, hörte der Religionsunterricht auf. Wie wir später erfuhren, habe man parteifeindliche Schriften in der Aktentasche des Priesters entdeckt und ihm das Betreten der Schule verboten. Das war mit Sicherheit vorgeschoben oder inszeniert, denn der protestantische Religionsunterricht war damit ebenfalls zu Ende.

Der Religionsunterricht ist also einfach gestrichen worden. Gab es dafür irgendeinen Ersatz, so wie heute der sogenannte Ethikunterricht?

Nein, es gab keinen Ersatz, denn als solchen würde ich die weltanschauliche Schulung, auf die wir ja noch zu sprechen kommen werden, nicht bezeichnen.

Ich möchte aber hier ein Wort zu Nationalsozialismus und Moral sagen. Es gilt heute als ausgemacht, dass der Nationalsozialismus eine Bewegung ohne Moral war. Das stimmt so nicht. Es war leider viel schlimmer. Wir wurden nämlich durchaus nach relativ strengen moralischen Grundsätzen erzogen, aber deren praktische Anwendung war – wie mir später erst bewusst wurde – letztlich auf die Angehörigen des eigenen Volkes oder sogar nur auf die Gesinnungsgenossen begrenzt. Das ist gewiss eine grobe Vereinfachung, aber sie ist nicht ganz falsch.

Lass mich das am Beispiel des Diebstahls erläutern. Diebstahl verletzte »die von den germanischen Vorfahren überlieferte Heiligkeit des Eigentums« und wurde schwer bestraft. Das galt natürlich nicht für das Eigentum von Volks- oder anderen Feinden, wie z.B. Juden. Auch deren Eigentum war streng genommen für den Einzelnen unantastbar, nicht jedoch für Partei und Staat. Die durften enteignen und wegnehmen, weil das im höheren Interesse des deutschen Volkes geschah.

Weder wusste ich etwas von den Räubereien unseres Staates und der Partei, noch konnte ich mit 16 oder 17 Jahren verstehen, wer festlegt, was das Interesse des deutschen Volkes ist und dass auch ein solches angebliches Interesse keine willkürlichen Eingriffe in fremdes Eigentum erlaubt. Deswegen war es nach dem Krieg so schwer für mich zu verstehen, dass wir, die wir doch zu so ehrlichen und anständigen Menschen erzogen worden waren, in einem System ohne Moral gelebt haben sollen. Die fatalen Konsequenzen des Satzes »Recht ist, was dem deutschen Volke nützt« habe ich erst später erfahren.

Eine weitere Frage hierzu: Solltet ihr zu Atheisten erzogen werden?

Das habe ich niemals so empfunden. Man darf ja nicht vergessen, dass diejenigen, die aus einer christlichen Religionsgemeinschaft ausgetreten waren, sich damals in der Regel als »gottgläubig« bezeichneten. Außerdem hat Hitler nicht nur die Vorsehung angerufen, sondern gelegentlich auch den Herrgott oder den Schöpfer. Und der persönliche Eid, den die SS auf Hitler zu leisten hatte, endete mit »... so wahr mir Gott helfe«.

Das habe ich noch nie gehört.

Zu diesem Thema passt auch ein Ereignis, an das ich mich erinnere. Es war kurz vor den Weihnachtsferien 1942, als Dr. Weiß uns in ganz gelockerter, freundschaftlicher Form abends mitteilte, er habe soeben unsere Schulzeugnisse geschrieben und dabei festgestellt, dass die meisten von uns noch immer einer christlichen Religionsgemeinschaft angehörten. Wir wüssten ja, man könne nicht Nationalsozialist und Christ zugleich sein und er hoffe, dass der Austritt aus der Kirche nach Rückkehr aus den Ferien vollzogen sei. Ich bin daraufhin ausgetreten. Eine Kontrolle ist meines Wissens nicht erfolgt.

Übrigens muss ich noch hinzufügen, dass sich einige meiner protestantischen Mitschüler konfirmieren ließen. Sie gingen samstags zum Pfarrer nach Diez, erhielten dort Konfirmationsunterricht und bekamen dann Urlaub, um in ihrer Heimatgemeinde konfirmiert zu werden. Von uns Mitschülern wurde das als völlig normal zur Kenntnis genommen.

Damit haben wir sicher das Thema »Religion« ausreichend behandelt. Abschließende Frage zum Kapitel Unterricht: Wie beurteilst du heute den Unterricht an einer Napola?

Entschuldige bitte, aber das kann ich nicht. Ich kann nur sagen, wie ich den Unterricht in der Napola Oranienstein, so wie ich ihn erlebt habe, heute sehe.

Unsere Erzieher waren nach meinem Urteil im Durchschnitt in ihren Fächern wissenschaftlich gut ausgebildete Lehrkräfte (manche vielleicht nicht ganz so gut, manche besser), die sich fast alle durch ein starkes pädagogisches Engagement auszeichneten. Sie waren überwiegend jugendlich-sportliche Typen, die für uns durchaus zum Vorbild taugten. Sie waren auch (in unterschiedlichen Graden) überzeugte Nationalsozialisten, an deren grundsätzlicher Regime- und Führertreue ich rückblickend keinen Anlass sehe zu zweifeln. Aber damit gehörten sie keinesfalls einer Minderheit in diesem Lande an.

Meiner Aussage über den Unterricht selbst kann ich mangels Vergleichsmöglichkeiten nur bedingten Wert beimessen. Wenn ich an meine Kommilitonen im Philologie- und Jurastudium denke, kann ich guten Gewissens sagen, dass im Ganzen unser Schulunterricht gut war, wahrscheinlich etwas oberhalb des durchschnittlichen Niveaus an den höheren Schulen des Dritten Reiches.

Kürzlich las ich in den Jugenderinnerungen eines Gleichaltrigen, in den Napolas sei kein Latein gelehrt worden; in einer dokumentarischen Fernsehsendung wurde über den miserablen Schulunterricht in den NS – Eliteschulen, auch in den Napolas, geklagt. Ich kann nur sagen, dass meine Erfahrungen das Gegenteil belegen. Und diese Erfahrungen beziehen sich nicht nur auf die eigene Person und die Napola Oranienstein. In der Heidelberger Schule, in der wir beide Abitur gemacht haben, waren zwischen 1946 und 1947 zufälligerweise in den drei obersten Klassen je ein ehemaliger Schüler einer Napola, einer Adolf – Hitler – Schule und der Reichsschule der NSDAP Feldafing. Alle drei lagen nach Leistung und Wissen in der Spitzengruppe ihrer Heidelberger Klasse. Vielleicht ein Zufall, aber eine Tatsache.

Bevor wir uns jetzt dem Sport und dem sogenannten Anstaltsdienst zuwenden, sollten wir über die von dir bereits erwähnte weltanschauliche Schulung sprechen.

Für diese weltanschauliche Schulung, die einmal in der Woche abends von etwa halb acht bis neun rund um einen Kamin mit Führerbild darüber stattfand, war Dr. Weiß zuständig. Er verfügte übrigens in dieser Eigenschaft über besonderes Informationsmaterial der Partei (auf grünem Papier), das angeblich mit der Auflage um vertrauliche Behandlung nur einem kleineren Kreis von Funktionsträgern zugänglich war. Ich erinnere mich, dass er aus einem dieser Papiere einmal eine Anweisung des Amtes Rosenberg zitierte, wonach keine besonderen Feiern zum 80. Geburtstag von Gerhart Hauptmann zu veranstalten seien, weil dessen Dramen nicht der nationalsozialistischen Weltanschauung entsprächen. Bekanntlich hat sich von Schirach über diese Anweisung hinweggesetzt und 1943 in Wien ein großes Hauptmann-Fest veranstaltet.

Ich muss jetzt mühsam in meiner Erinnerung graben und bitte um Nachsicht, wenn die ganze Darstellung dieses an sich wichtigen Abschnitts bruchstückhaft bleibt. Das ist auch darauf zurückzuführen, dass wir nur einen Teil des Pensums dieser Schulung absolvieren konnten, weil wir im Februar 1943 plötzlich als Luftwaffenhelfer einberufen bzw. zur Kinderlandverschickung abkommandiert wurden.

Darf ich einmal eine Zwischenfrage stellen: Wie war das damals, konnte eine Schulklasse von heute auf morgen aufgelöst und die Schüler hierhin einberufen und dorthin abkommandiert werden? Wurden die Eltern gar nicht gefragt?

Die Eltern wurden natürlich nicht gefragt. Es gab eine für das ganze Reich gültige Verordnung – von wem, weiß ich nicht –, wonach alle Schüler (nicht Lehrlinge) der Jahrgänge 1926 und 1927 zum 15. Februar 1943 zur Heimatflak einer bestimmten deutschen Großstadt einberufen wurden. Soweit möglich, blieben die Schüler in ihrer Heimatstadt oder in einer Flakbatterie in der Nähe. Wir als Internatsschüler standen sozusagen zur freien Disposition. So kam ich nach Mannheim und habe kurzfristig, als wir für einige Wochen in Ludwigshafen-Oggersheim stationiert waren, auch den dreizehnjährigen Helmut Kohl beschützt. Die ganze Aktion war eine Reaktion auf die verheerende Niederlage von Stalingrad – der Beginn des letzten Aufgebots.

Zurück zur weltanschaulichen Schulung: Was wurde unter diesem Titel in einer Napola gelehrt?

Entschuldige bitte, wenn ich hartnäckig bleibe, aber auch diese Frage kann ich so nicht beantworten. Ich muss nochmals betonen, dass in den Napolas nicht nur sehr unterschiedliche Sitten und Gebräuche herrschten, sondern dass alles, was außerhalb der staatlich festgelegten Lehrpläne und bestimmter Rahmenrichtlinien für den Anstaltsdienst geschah, der Gestaltungsmacht des jeweiligen Anstaltsleiters unterlag. Hier kann ich nur schildern, wie ich diese Schulung im Herbst und Winter 1942/43 in Oranienstein erlebt habe.

Einleitend sollte ich versuchen, die Zielsetzung der Veranstaltung zu skizzieren. Soweit ich das heute überblicke, war die Zielsetzung eine doppelte:

• Die nationalsozialistische Ideologie sollte tief und mit überzeugender Wirkung in uns verankert werden und

• wir sollten intensiv mit den Argumenten unserer Gegner vertraut gemacht werden, um »in der geistigen Auseinandersetzung bestehen zu können«.

Wenn man diese beiden Grundsätze sorgfältig durchdenkt, wird ein Widerspruch deutlich, den ich vorher schon einmal im Zusammenhang mit »Führergläubigkeit« und »Erziehung zu kritischem Denken« erwähnt habe. Kurz gesagt: Die Auseinandersetzung mit den Argumenten der Gegner führte natürlich nie so weit, die eigene Ideologie ernsthaft in Frage zu stellen. Insofern blieb vieles in der weltanschaulichen Schulung an der Oberfläche. Man ging darüber hinaus einer wirklichen geistigen Auseinandersetzung aus dem Wege, indem der Stoff einseitig dargestellt wurde und man auf unsere Wissensmängel in gleicher Weise wie auf unsere Naivität vertraute.

Kannst Du jetzt einmal konkret den »Lehrstoff« schildern?

Es begann mit den angeblichen Vorläufern des Nationalsozialismus, also mit denjenigen Denkern des 19. Jahrhunderts, die man als geistige Wegbereiter von Rassenlehre und Antisemitismus ansah.

Da wurde an erster Stelle der französische Graf Gobineau genannt, der bereits um die Mitte des 19. Jahrhunderts von der Überlegenheit der arischen Rasse gesprochen hatte. Anschließend kam der Engländer Houston Stewart Chamberlain an die Reihe, dessen Hauptwerk »Die Grundlagen des 19. Jahrhunderts« schon mit seinem Titel in die Nähe des Höhepunktes unserer Schulung, nämlich Rosenbergs »Mythus des 20. Jahrhunderts«, gestellt werden konnte. Es hat übrigens auf mich seinen Eindruck nicht verfehlt, dass ein Franzose und ein Engländer den Anfang gemacht haben sollen, denn damit erhielt die NS-Ideologie quasi einen weltläufigen Anstrich.

Weiter erinnere ich mich, dass Paul de Lagarde ebenso wie Julius Langbehn, der berühmte (oder berüchtigte) Rembrandtdeutsche, in die Ahnengalerie Alfred Rosenbergs eingereiht wurden. Der »Rembrandtdeutsche« erhielt diesen Namen, weil sein Hauptwerk »Rembrandt als Erzieher der Deutschen« unter dem Pseudonym »von einem Deutschen« (vor der Wende zum 20. Jahrhundert) erschienen war. Dieses Buch schenkte mir meine Schwester »zur Kriegsweihnacht 1942« - und ich habe es sogar (mit Anmerkungen und Ausrufezeichen versehen) gelesen.

Hier muss ich eine kleine Geschichte einfügen. Mitte der sechziger Jahre erschien im Geleitwort unseres Firmenkalenders ein Zitat von Julius Langbehn. Ich las, erschrak und holte mein Buch aus dem Bücherschrank, rief den zuständigen Mitarbeiter der Hauptverwaltung an und las ihm einige besonders üble antisemitische Passagen vor. Das Entsetzen war groß (der

Kalender war schon verteilt) und wir beide hofften inständig, dass niemand merkt, welchen dubiosen Autor die Firma zitiert hatte. Es hat niemand gemerkt.

Jakob Burckhardt avancierte zum angeblichen Vorläufer der NS-Ideologie, weil er in seiner »verpöbelten Zeit« die Vorboten einer kommenden Katastrophe sah. – Wie Recht Jakob Burckhardt mit seiner düsteren Prophezeiung hatte, begriff ich erst nach dem Krieg, als die vorhergesagte Katastrophe einge-treten war – verursacht durch uns, die wir uns als die wahren »terribles simplificateurs« erwiesen hatten. Und uns war gesagt worden, das seien die Bolschewisten.

Schließlich wurden Nietzsche, Wagner und Spengler bespro-chen, wobei man wissen muss, dass Oswald Spengler zu jener Zeit bereits zu den Verfemten der Partei gehörte. Von Nietzsche lernte ich, dass das Christentum die »Religion der Schlecht-weggekommenen« sei und Wagner beschrieb die Juden als »Ferment der Dekomposition« oder als »den plastischen Dämon des Verfalls der Menschheit«.

Als Zusammenfassung zitiere ich aus meinen Unterlagen der weltanschaulichen Schulung:

Der Kampf dieser Männer (Graf Gobineau, Friedrich Nietzsche, Paul de Lagarde, Julius Langbehn, Richard Wagner, Jakob Burckhardt) gilt dem 19. Jahrhundert. Wir können es heute mit Recht als die Tragödie des Abendlands bezeichnen. Diese Verfallszeit dauert ungefähr von 1789 bis 1933. Aber noch heute stehen wir in vieler Beziehung im 19. Jahrhundert. Der Kampf gegen seine Anschauungen, nämlich die der bürgerlichen Welt, wird noch lange dauern. Äußerlich stehen wir heute in dem ent-scheidenden Kampf. Die beiden verwandten Mächte, die wir bekämpfen, die westliche Demokratie mit dem Kapitalismus und den Bolschewismus, haben ihre geistigen Grundlagen aus diesem Jahrhundert.

Nun war doch der Antisemitismus eine der Grundlagen der NS-Ideologie; du hast das im Zusammenhang mit Richard Wagner bereits angedeutet. Es wäre interessant zu hören, welche Rolle der Antsemitismus in eurer Erziehung spielte.

Damit stellst du mir eine sehr schwierige Frage, zu der ich in erster Linie aus heutiger Sicht etwas sagen muss, nicht zuletzt um zu begründen, warum ich über den Antisemitismus in unserer Schule nur recht mager berichten kann.

Der Antisemitismus mit seinen entsetzlichen Folgen war in der Tat eine wesentliche, wenn nicht die wichtigste Grundlage der NS-Ideologie. Dieser Antisemitismus führte zum Holocaust, der heute als ein Ereignis gesehen wird, das der deutschen Geschichte von 1933 bis 1945 seinen grauenhaften Stempel aufgedrückt hat. Zu Recht.

Aber das bedeutet keinesfalls, dass der Antisemitismus in jenen zwölf Jahren nationalsozialistischer Herrschaft für die Deutschen das zentrale Thema der Politik oder gar ihrer Wünsche und Sehnsüchte gewesen ist. Auf eine vereinfachende Formel gebracht: Nach meinem Urteil folgten die Deutschen Hitler nicht, weil er die Juden zu vertreiben oder gar auszurotten versprach, sondern weil er den Deutschen die Erlösung vom sozialen und nationalen Elend, insbesondere die »Tilgung der Schmach von Versailles« verhieß. Wenn dafür, gemäß der NS-Ideologie, die Entrechtung der Juden notwendig war, dann schaute man eben weg und tröstete sich bei den ersten antisemitischen Ausschreitungen beziehungsweise Gesetzen mit Worten wie *»Das sind eben die Anfangserscheinungen einer revolutionären Bewegung«*, *»Das gibt sich wieder«*, *»Ich habe ja keinem Juden etwas getan«* oder *»Die Juden haben in der Tat zu viel Macht und Einfluss gehabt«* bis hin zu dem Gedanken, dass die Ausschaltung eines tüchtigen jüdischen Konkurrenten im Geschäfts-, Geistes,- oder Kulturleben für manchen deutschen

Volksgenossen seinen Vorteil hatte. Aber man sollte doch bedenken, dass selbst diejenigen, die so dachten, nicht wissen konnten, dass am Ende die Ermordung der europäischen Juden stand.

Noch einfacher gesagt: Nach meiner Erfahrung war für die Masse der Deutschen in ihrer Begeisterung über Hitler der Antisemitismus von nachrangiger Bedeutung. Was zählte, waren die innen- und außenpolitischen Erfolge. Den Antisemitismus nahm man in Kauf, und zwar entweder mit Begeisterung oder mit Gleichgültigkeit oder mit Abscheu. Die Verteilung dieser drei Varianten (mit allen fließenden Übergängen) dürfte etwa der bekannten Gauß'schen Kurve entsprochen haben: Es war jeweils eine Minderheit, die Judenverfolgungen entweder mit Begeisterung oder mit Abscheu in Kauf nahm. Die weitaus überwiegende Mehrheit der Deutschen dürfte sie mit Gleichgültigkeit (von zustimmender Gleichgültigkeit bis zu einer von Scham und Mitleid durchwirkten Gleichgültigkeit) in Kauf genommen haben.

Die ganze NS-Ideologie war nach meiner heutigen Ansicht im Dritten Reich zwar die alleinige ideologische Basis des staatlichen Handelns, auch in Schule und Hochschule; ihre Thesen waren für die Funktionsträger von Partei und Staat verbindlich. Aber für die Masse der Bevölkerung (einschließlich der kleinen Parteigenossen) war die Ideologie ziemlich unwichtig. Was bei der Bevölkerung zählte, waren greifbare Erfolge, in der Außenpolitik wie in der Innenpolitik. Die Methoden, mit denen sie erreicht wurden, waren sekundär; abgesehen davon, dass es negative Informationen hierüber nicht gab.

Bei unserer weltanschaulichen Erziehung – so möchte ich das einmal aus heutiger Sicht formulieren – wurde der Antisemitismus eigentlich als selbstverständlich vorausgesetzt. Warum ausgerechnet die Juden als böser Fremdkörper in der Volksgemeinschaft am sozialen ebenso wie am nationalen Elend der Deutschen schuld sein sollen, das hat uns nie jemand erklärt. Rückblickend kann ich nur sagen, dass bei uns der weltanschauliche Unterricht den Versuch unternahm, den Antisemitismus historisch zu untermauern. Mit anderen Worten, statt uns Sachargumente für die angeblich verhängnisvolle Rolle der Juden (die es nicht gab) zu liefern, wurde der Antisemitismus der Gegenwart mit dem Antisemitismus der Vergangenheit begründet. Dies war ohne Schwierigkeiten nicht allein mit Hilfe literarischer Zeugnisse aus Antike und Mittelalter, sondern auch mittels der Schriften großer Denker, Staatsmänner oder Künstler, besonders des 19. Jahrhunderts, möglich.

Meine Erklärung ist, das weiß ich, unbefriedigend. Aber ich finde rückblickend keine bessere. Da Dr. Weiß den herausragenden Beitrag, den die jüdischen Bürger Deutschlands für das geistige, kulturelle und wirtschaftliche Leben unseres Landes geleistet haben, bestimmt sehr genau kannte, war seine Argumentation vielleicht ein Ausweg aus der Hilflosigkeit, die wir natürlich im Alter von 16 oder 17 Jahren nicht wahrnehmen konnten.

Um meine Frage noch schwieriger zu machen: Kannst du etwas über persönliche Begegnungen oder Erfahrungen mit deutschen Juden sagen?

Persönlich und bewusst habe ich vor 1945 keinen Juden kennen gelernt. Ich erinnere mich, dass in meinem Elternhaus meine Großmutter in ihrem Handarbeitsgeschäft viel mit jüdischen Händlern zu tun hatte. Ihr Urteil über ihre jüdischen Lieferanten sowie ihren jüdischen Hausarzt war ausgesprochen positiv. Sie hat den Antisemitismus sowie Hitler überhaupt strikt und für mich erkennbar abgelehnt. Da ich ein besonders gutes und herzliches Verhältnis zu ihr hatte, betrachtete ich diese ihre Meinung als die Ansicht eines alten Menschen, der eben die neue Zeit nicht mehr versteht. Meine Mutter hatte hingegen – ohne jeglichen Grund – eine Abneigung gegen Juden. Ihre Meinung hatte jedoch auf mich keinen Einfluss, weil meine politischen Ansichten – in einem Haus ohne Vater – allein von der Napola geprägt wurden.

Uns gegenüber wohnte eine jüdische Familie. Die Tochter war gleichen Alters wie meine Schwester und bei deren Geburtstag selbstverständlich eingeladen. Auf einem Photo vom September 1932 ist sie mit ihren schwarzen, stark gekräuselten Haaren deutlich zu erkennen. Diese Familie emigrierte zu einem ganz frühen Zeitpunkt. Sie waren für uns »weggezogen«. In meiner Klasse in der Volksschule hatten wir keinen jüdischen Mitschüler, jedenfalls nicht, soweit ich mich erinnere.

Und wie war es mit der berüchtigten Pogromnacht am 9. November 1938? Es mag unwahrscheinlich klingen, in der Abgeschiedenheit unseres Oraniensteiner Schlosses haben wir nichts, absolut gar nichts von diesem schrecklichen Ereignis mitbekommen. Am folgenden Tag hörten bzw. lasen wir, dass jüdische Geschäfte »beschädigt« wurden und dass Synagogen gebrannt haben. Unsere Informationen beschränkten sich auf das, was Rundfunk und Zeitungen meldeten. Was das konkret war, weiß ich aus der Erinnerung nicht mehr.

Um mich nachträglich zu informieren, habe ich kürzlich in einem Archiv die regionalen Tageszeitungen vom 9., 10. und 11. November 1938 durchgelesen. In der Ausgabe vom 10. November war die wichtigste Meldung der Tod von Kemal Atatürk. Erst auf Seite 3, in der dritten Kolumne, erschien eine vielleicht 20zeilige Meldung, dass es in einigen Städten des Reiches aus Anlass der Ermordung eines Angehörigen der deutschen Botschaft in Paris durch einen Juden zu verständlichen Kundgebungen des Unmuts und der Empörung der Bevölkerung gekommen sei, wobei jüdische Geschäfte und jüdische

Gebäude beschädigt worden seien. »Jüdische Gebäude«, das waren natürlich Synagogen, die man so nannte, weil man die Brandstiftung an Gotteshäusern nicht zugeben wollte. In einer Stadt, so wurde weiter gemeldet, musste die Polizei die Juden vor dem berechtigten Zorn der Bevölkerung schützen! Höhepunkt des Zynismus war eine Veranstaltung der örtlichen Parteileitung, in welcher der Kreisleiter die Juden der Stadt davor warnte, die von der Bevölkerung gezeigte Geduld und Langmut mit den Juden als Schwäche auszulegen – und dies 24 Stunden nach der Misshandlung jüdischer Bürger sowie der Zerstörung jüdischer Geschäfte und der Synagogen!

Ich selbst hörte erstmals nach mehreren Tagen durch einen Brief meiner Schwester davon, dass in Wiesbaden die Synagoge gebrannt habe und vor dem Geschäft des Juweliers Heimerdinger die Edelsteine über die Wilhelmstraße gerollt seien.
In diesem Zusammenhang möchte ich noch erwähnen, dass im Zeitungsraum unserer Napola natürlich der »Völkische Beobachter«, das »Schwarze Korps« und andere Zeitschriften auslagen, aber zu keinem Zeitpunkt das scheußliche Hetzblatt »Der Stürmer«.

Wir laufen jetzt Gefahr, uns in die verhängnisvolle Judenfeindlichkeit des nationalsozialistischen Regimes zu vertiefen. Vielleicht ergibt sich für ein Gespräch über dieses Thema später noch eine Gelegenheit. Ich schlage vor, dass wir das Thema »weltanschauliche Schulung« in deiner Napola jetzt mit der Frage abschließen: Wie hat diese Schulung dein Denken und dein späteres Weltbild beeinflusst, was ist geblieben?

Beide Fragen kann ich kurz und knapp beantworten: Einfluss auf mein Denken und mein Weltbild gleich null. Geblieben ist hingegen sehr viel. Das bedarf der Erläuterung.

Geblieben ist die Kenntnis eines Teiles der Geistesgeschichte des 19. und 20. Jahrhunderts, vor allem (aber nicht nur) in

Deutschland. Geblieben ist ferner eine besonders kritische Einstellung gegenüber politischen bzw. gesellschaftspolitischen Theorien ohne empirische Grundlagen sowie gegenüber der Verführung durch die Sprache (Nietzsche und Spengler waren Meister der deutschen Sprache). Das Wichtigste jedoch ist das große Interesse an Geschichte und Geschichtsphilosophie, das bei mir geweckt worden war. Die Auseinandersetzung mit den Themen unserer weltanschaulichen Schulung nach 1945 übte einen geradezu magischen Zwang auf mich aus, nachdem alles, was man uns gelehrt hatte, mit Schimpf und Schande untergegangen war.

Um ein Beispiel zu nennen: Ohne diese Schulung hätte ich wahrscheinlich nie Spenglers »Untergang des Abendlandes« in die Hand genommen. Diese Lektüre wiederum führte mich zu Arnold Toynbee, dessen »Study of History« ich bald darauf las. Da der Begriff der Verführung durch Hitler in unserem Gespräch eine große Rolle spielt: Ich las während meines Geschichtsstudiums auch Tagebuchaufzeichnungen des großen Toynbee, u.a. nach seinem Besuch bei Hitler in den dreißiger Jahren. Er äußerte sich sehr lobend über den Führer, besonders über dessen stupende Geschichtskenntnisse ...

Etwas ist mir aus der weltanschaulichen Schulung noch in Erinnerung, das Dr. Weiß uns lehrte, nämlich den Zusammenhang zwischen Idee und Organisation. Jede Idee, so sagte er, verkommt oder stirbt, wenn sie nicht von einer Organisation getragen wird. Umgekehrt kann keine Organisation langfristig überleben, wenn nicht eine Idee sie zusammenhält. Die katholische Kirche wurde als Beispiel genannt und wir sollten natürlich an den Nationalsozialismus als Idee und an die NSDAP als Organisation denken.

Zusammenfassend kann ich sagen, dass mir auch hier das Glück zur Seite stand. Ich war 1945 eben jung und vor allem aufnahmefähig genug, um mich von dem Ballast der national-sozialistischen Ideologie zu befreien und in ihr den Versuch zu sehen, im zwanzigsten Jahrhundert Aufklärung und christliche Wertvorstellungen aus den Köpfen der Menschen zu vertreiben. Das bedeutet jedoch nicht, dass ich alles Sachwissen, das ich auf dem Wege in die nationalsozialistische Ideologie gelernt hatte, wegwerfen musste.

Lass mich noch eine Bemerkung zu diesem so wichtigen Thema hinzufügen. Es ist ja ein auch für Zeitzeugen nur schwer zu verstehendes Phänomen, dass der Nationalsozialismus uns einerseits sittlich und rechtlich in die Welt vorchristlicher Germanenstämme zurückführen wollte, während er andererseits technisch und militärisch ausgesprochen zukunftsorientiert dachte und handelte.

Sport und Anstaltsdienst

Mit deiner Darstellung der weltanschaulichen Schulung sollten wir das Kapitel über den Unterricht im weitesten Sinne, also über die geistige Ausbildung, abschließen.

Du hattest vorher von einer Dreiteilung gesprochen: Unterricht, Sport und Anstaltsdienst. Wenden wir uns also jetzt dem Sport, der körperlichen Ertüchtigung, zu, die doch in einer Napola sicher eine ganz große Rolle spielte.

Hier muss ich zur Vorsicht mahnen. Gewiss spielte der Sport eine große Rolle, sowohl in der Zeit, die ihm gewidmet wurde, als auch bei der Beurteilung eines Schülers. Dennoch, der Unterricht stand an erster Stelle. Du konntest ein noch so guter Sportler sein, bei zwei Fünfen im Zeugnis war es aus, du musstest meistens die Napola verlassen. Die Wiederholung einer Klasse (Sitzenbleiben) kam bei uns zwar häufiger vor, sollte aber eigentlich eine Ausnahme sein.

Ich versuche einmal, ganz einfach aufzuzählen, was wir an Sport getrieben haben. Da war zunächst das Standardprogramm während der ganzen Schulzeit: im Sommer Leichtathletik, Feldhandball und Schwimmen (in der Lahn), im Winter Turnen, Fußball und Schwimmen in der Halle, die noch aus der Kadettenzeit stammte.

Zur Vorbereitung auf das Rudern in Wettkampfbooten mussten wir in der Quarta im Sommer wöchentlich einmal in zwei großen Kutterbooten rudern. In den folgenden Jahren trainierten wir in Abhängigkeit vom Wetter und der Verfügbarkeit eines Lehrers in allen Bootsarten, vom Einer, Zweier, Doppel- und Riemenvierer bis zum Achter. Letzterer war eine Belohnung unseres obersten Chefs, des Reichsministers Rust, für den Sieg unserer Oraniensteiner Mannschaft bei einem Ruderwettbewerb. Ich glaube, zweimal wurde unsere Schule in einer Ruderdisziplin deutscher Jugendmeister.

In der Obertertia kam das Reiten an die Reihe. Wir hatten fünf anstaltseigene Pferde und einen ehemaligen ostpreußischen Wachtmeister der Kavallerie mit silbernem Reiterabzeichen als Reitlehrer. Zu dem Ton, in dem uns das Reiten beigebracht wurde, erzähle ich dir einige Beispiele, wenn wir alleine sind und das Mikrophon abgeschaltet ist. Während des ganzen Jahres mussten jeweils fünf Schüler morgens um sechs Uhr zum Stalldienst antreten und die Pferde versorgen.

Ab Sekunda gab es einmal in der Woche eine Stunde Fechtunterricht, erteilt von einem ungarischen Fechtmeister, der jeden Mittwoch aus Frankfurt anreiste und uns ein Jahr im Florettfechten und zwei Jahre im Säbelfechten unterrichtete.

Zum Sport gehörte natürlich auch das Boxen, über dessen Wert für die Erziehung von Jünglingen sich Hitler in »Mein Kampf« ausführlich geäußert hat. Ich kann über den Unterricht im Boxen in unserer Schule allerdings nichts berichten, da er in meiner Klasse nicht stattfand (vielleicht wegen Lehrermangels während des Krieges).

Eine vollständige Skiausrüstung für eine Klasse war vorhanden. Wir liefen entweder bei gutem Schnee auf Taunushängen der Umgebung oder fuhren (manchmal nur ein Teil einer Klasse) in ein Skilager in die Alpen.

Jede Klasse nahm mindestens einmal an einem vierzehntägigen Segelfluglager teil. Alle legten die A-Prüfung, wenige die B- oder sogar die C-Prüfung ab.

Schließlich kam im Frieden noch das Auto- und Motorrad-fahren hinzu. Die Schule beschäftigte einen Berufsfahrer, der entweder den Anstaltsleiter in seinem Mercedes (genannt Bonzenschaukel) oder uns Schüler im Bus oder Lkw fuhr; daneben fungierte er auch als Fahrlehrer. Nur um die reichhal-tige Ausstattung zu demonstrieren: Lkw (mit Feldküche), großer Bus, schwarzer Mercedes, Geländewagen und Motorrad waren anstaltseigene Fahrzeuge.

Das Kleinkaliberschießen ist zwar auch ein Sport; ich möchte es jedoch lieber zu dem Kapitel Anstaltsdienst zählen.

Das war ja nun wirklich ein reichhaltiges Programm. Ich frage mich, wie viel Zeit blieb da noch für den Schulunterricht oder die Freizeit übrig?

Das ist ganz einfach zu erklären. Wir hatten von montags bis samstags durchgehend von etwa 8:00 bis 12:30 Unterricht; im Gegensatz zu anderen Schulen gab es in dieser Zeit keinen Sport. Jeden Tag von 14:30 Uhr bis 16:30 Uhr war Sport. Nach einer halben Stunde Nachmittagspause stand die Zeit von 17:00 Uhr bis 18:45 für die Erledigung der Schularbeiten zur Verfügung. Um Sportplätze und Turnhalle optimal auszunut-zen, erledigten andere Klassen erst ihre Schularbeiten, um in der zweiten Hälfte des Nachmittags die Sportanlagen zu benutzen. Der Samstagnachmittag und der ganze Sonntag waren frei. Sonntags hatten wir nach dem Mittagessen bis 18:30 Uhr Ausgang, mal nur bis Diez, mal bis Limburg und Umge-bung. Allerdings nicht, wenn aus disziplinarischen Gründen über den Einzelnen oder eine ganze Klasse eine Ausgangs-sperre verhängt worden war. Im Sommer konnte man viele Schüler auf den Sportplätzen treffen, die z.B. ihre Lieblings-disziplin in der Leichtathletik übten oder private Wettkämpfe austrugen.

Jetzt ist mir deine Begeisterung für den Sport verständlich ...

Ja, aber ich muss doch heute sehr bedauern, dass bei uns nicht auch Tennis gespielt wurde. Diese Sportart war wahrscheinlich zu westlich-dekadent.

Bei diesem reichen Sportprogramm muss ich doch noch einmal auf die Frage zurückkommen, welchen Stellenwert der Sport in deiner Napola hatte. Wart ihr alle gute oder sehr gute Sportler, habt ihr viele Meisterschaften gewonnen?

Um bei deiner letzten Frage zu beginnen: Wir haben lokal – jedenfalls in unserem ländlichen Bereich – in der Tat sehr viele Meistertitel gewonnen, besonders in Leichtathletik und im Schwimmen, gelegentlich auch im Reiten. Aber sobald es um die sogenannten Gebietsmeisterschaften oder gar Reichsmeisterschaften ging, waren wir kaum noch dabei. Ausnahmen im Rudern und einmal im Fechten bestätigen die Regel. Du kannst eben kein Spitzensportler in Leichtathletik werden, wenn du während eines ganzen Jahres jede Woche auf dem Rücken eines Pferdes sitzt und auch hier eine gute Leistung zeigen sollst; für Reiten, Rudern oder Fechten gab es z.B. eigene Noten im Zeugnis.

Zu deiner Frage nach dem Stellenwert des Sportes muss ich wieder vorsichtig antworten. In Oranienstein spielte der Sport eine große Rolle. Bei den jährlichen Wettkämpfen der besten Sportler aller Napolas lagen unsere Sportler stets auf einem der ersten Plätze. Im Wettkampf der Erzieher stellten wir in den fünf oder sechs Jahren, in denen er stattfand, dreimal den ersten Sieger.

Gute Sportler in den höheren Klassen wurden von den Jüngeren bewundert – gute Schüler nicht. Gleichwohl, in der internen Hierarchie der Schüler wurde niemand befördert, der ein schlechter oder sehr mäßiger Schüler war. Anders gesagt: Sportliche Leistungen waren hoch angesehen, aber sie konnten schlechte Leistungen im Unterricht nicht kompensieren. Außerdem wussten wir schon sehr früh, dass die Abiturnote nicht ohne Bedeutung ist und dass hier letztlich die Leistung im Unterricht entscheidet. - Vielleicht sollte ich noch erwähnen, dass es innerhalb des Sports eine Art Kompensationsmöglichkeit gab. Wer eine »Flasche« in Leichtathletik war, konnte seinen Ruf aufbessern, wenn er z.B. im Schwimmen sehr gute Leistungen zeigte.

Verständlich ist, dass bei uns das Sammeln von Sport- und Leistungsabzeichen ein Sport eigener Art war.

Damit können wir den Sport verlassen und uns der, wie du vorher sagtest, dritten Säule eurer Erziehung, dem Anstaltsdienst, zuwenden. Was muss ich unter dem Begriff »Anstaltsdienst« verstehen?

Ganz einfach das, was sich außerhalb von Unterricht und Sport im Internatsleben abspielt. Hierzu zählt auch der Geländedienst, den ich nicht zum Sport rechnen möchte.

Schildere mir doch einmal diesen »Geländedienst«, unter dem ich mir nichts vorstellen kann.

Das ist im Grunde genommen ein anderes Wort für vormilitärische Ausbildung. Wir hatten durchgehend von Sexta bis Oberprima einmal in der Woche Geländedienst. Das fing an mit Exerzieren und Geschicklichkeitsübungen, für die auf unserem Exerzierplatz Balancierbalken (über einer Wassergrube!) und eine sogenannte Eskaladierwand (Bretterwand zum Anspringen und Überklettern) ebenso vorhanden waren wie circa 50 cm hohe, im Boden befestigte, circa 20 m lange Drahtkäfige (zum Durchkrabbeln) oder Hangelbalken, die über einer Wassergrube befestigt waren. Wir lernten ferner, mit Karte und Kompass umzugehen oder uns im Gelände durch Tarnung unsichtbar zu machen. Und dann gehörte dazu das Kleinkaliberschießen auf dem eigens für uns (d.h. für unsere Vorgänger, die Kadetten) gebauten Schießstand.

... dum ludere videmur!

Richtig, nur das »pro patria est« stand einstweilen noch im Hintergrund. Der »Ernstfall« waren zunächst die zahlreichen Geländespiele und Schnitzeljagden, die uns über das ganze Jahr verteilt auf Trab hielten. Zwei- bis dreimal im Jahr wurden wir so gegen 23 Uhr aus dem Schlaf gerissen (sehr laute Glocken läuteten das Alarmsignal) und mussten in wenigen Minuten in unserer Uniform auf dem Appellplatz stehen.

Kannst du mal den Ablauf eines solchen nächtlichen »Kriegsspiels« schildern?

Also, die Schule wurde in zwei etwa gleich starke Gruppen aufgeteilt. Die eine Gruppe war die französische Besatzungsmacht im Schloss Oranienstein (die es tatsächlich Anfang der zwanziger Jahre gegeben hatte) und die andere Gruppe stellte aufständische Westerwälder Bauern dar, deren Ziel es war, die Franzosen aus dem Schloss zu vertreiben. Zu diesem Zweck wurden die »Bauern« – alles in dunkler Sommernacht – mit unseren Kuttern auf die andere, die Westerwälder Lahnseite, gebracht. Nach etwa einer halben Stunde geschah das Gleiche mit den »Franzosen«, die sich nach Beginn der »Kampfhandlungen« zur Vermeidung von Verlusten vor den Bauern auf die ursprüngliche Lahnseite (Taunus) zurückzuziehen hatten. Dabei wurde mitgeteilt, dass der Kutter für die auf dem Rückzug befindlichen »Franzosen« nur einmal fährt, weil ein »Bauer« das Seil gekappt hat, so dass der Rest (in voller Sommeruniform = Hemd und kurze Hose) das andere Ufer schwimmend erreichen musste. Sicherheitshalber stand ein

Pkw am Ufer und hielt mit seinen Scheinwerfern den Fluss dort, wo geschwommen wurde, in hellem Licht.

Dann stießen die »Bauern« bis zur Lahn vor, überquerten schwimmend den Fluss und stürzten sich auf die in den Ufer- wiesen versteckten »Franzosen« zur Entscheidungsschlacht. Es entspann sich also eine große Rauferei, Mann gegen Mann, wobei es darauf ankam, einem Gegner den am rechten Handgelenk befestigten (blauen oder roten) Wollfaden abzu- reißen. Wer seinen Faden verloren hatte, musste ausscheiden. Die Partei, die am Schluss die meisten »Überlebenden« hatte, war Sieger.

Nur wenn das Spiel drei oder vier Stunden gedauert hatte, durften wir am nächsten Morgen eine Stunde länger schlafen.

Hat das Spaß gemacht?

Im Grunde genommen schon, jedenfalls, wenn der erste Zorn über die gestörte Nachtruhe verflogen war. Das ging aber schnell, denn man musste sich ja auf die gestellten Aufgaben konzentrieren, um alles richtig zu machen. Wir mussten uns eben dauernd bewähren.

Zu den feststehenden Ereignissen gehörte die winterliche Schnitzeljagd, jeweils am letzten Schultag vor den Weihnachts- ferien. Sie wurde mit einer (herrlichen) Erbsensuppe aus der Feldküche (gekocht von unserem Schreiner, der im ersten Weltkrieg Schiffskoch auf einem Kriegsschiff gewesen war) abgeschlossen; vor dem Rückmarsch gab es ab Untertertia einen Becher Tee mit Rum und für alle eine Tafel Schokolade.

Hatten diese Kriegsspiele irgendeinen militärischen Wert?

Ich glaube schon. Wir, insbesondere die Stadtmenschen, lernten uns im Gelände zu bewegen, mit Karte und Kompass umzugehen sowie die nötige Disziplin bei Gruppenaufgaben zu wahren. Ältere Schüler erlernten erste Führungsaufgaben.

Ich muss hier noch den Höhepunkt dieser Kriegsspielerei erwähnen. Das waren die jährlichen Sommerübungen sämtlicher Napolas, von uns etwas großspurig »Manöver« genannt, an denen alle Schüler ab der Mittelstufe (Untertertia) teilnahmen. Die letzte Übung fand 1939 am Faaker See in Kärnten statt, diesmal erst ab Obertertia. Einige jüngere Schüler, die zum Sprechchor eines Theaterstückes (»Frankenburger Würfelspiel«) gehörten, das wir Oraniensteiner in Klagenfurt und Villach öffentlich aufführten, durften auch als Untertertianer teilnehmen.

Wie lief so ein »Manöver«, an dem doch ein paar tausend Jungen beteiligt gewesen sein müssen, ab?

Die Anfahrt erfolgte in reservierten Waggons der Reichsbahn mit Nachtschlaf auf Holzbänken oder auf dem Boden. Nach der Ankunft baute jede Anstalt auf dem ihr zugewiesenen Teil eines riesengroßen Grundstücks ihre Achterzelte auf und dann begann das eigentliche Manöver, das drei Tage und zwei Nächte dauerte.

Einzelheiten kann ich aus eigenem Erleben nicht erzählen, denn wir ganz jungen durften zwar im Chor sprechen, aber nicht an den Kämpfen teilnehmen. Nach meinem Wissen hatte ein Anstaltsleiter, der über eine königlich-preußische Generalstabsausbildung verfügte, ein Kriegsspiel ausgearbeitet, das den Parteien Rot und Blau bestimmte, dem Gelände und den Fähigkeiten der Schüler angemessene Aufgaben stellte. Abschluss war eine »Entscheidungsschlacht« (ebenfalls mit roten und blauen Wollfäden) und danach ein Vorbeimarsch in strammer Haltung am Inspekteur der Napolas. Aber nicht nur an ihm, sondern auch an – wie es damals hieß – »Spitzen von

Partei, Staat und Wehrmacht«. Angeblich sollen sich besonders die Generäle der Wehrmacht sehr lobend über die jungen Menschen geäußert haben, die ihnen, schneller, als jeder zu dieser Zeit (Juni 1939) ahnte, als junge Offiziere zur Verfügung stehen sollten.

Nachdem die große Schlacht geschlagen war, verbrachten wir mehrere Tage mit Sportwettkämpfen der Anstalten gegeneinander sowie mit Wanderungen in kleineren Gruppen im Zeltlager. Nach knapp zwei Wochen waren wir wieder in unserer Anstalt, allerdings nur, um in die Sommerferien nach Hause zu fahren – diesmal Ferien, an deren Ende der Kriegsausbruch stand.

Ja, der Krieg, auf den man euch vorbereitet hatte.
So interessant es wäre, dich nach deiner Einstellung zum Kriegsausbruch (wenn ich richtig rechne, warst du damals 13 Jahre alt) und zum Krieg zu fragen, wollen wir doch lieber mit eurem »Anstaltsdienst« fortfahren. Über den Geländedienst haben wir gesprochen. Was habt Ihr in eurer wirklichen Freizeit, z.B. abends oder am Wochenende, getan?

Das war natürlich vom Alter abhängig. In der Unterstufe (zehn bis zwölf Jahre) haben wir auf den Stuben gespielt, u.a. schon Monopoly (aus England). In der Sexta lag die Betreuung der Kleinsten in den Händen einer Hausdame. Sie brachte ihnen das Nähen bei, kontrollierte abends, ob sie sich richtig gewaschen hatten und las gelegentlich Märchen vor. Sie saß beim Mittagessen an einem der Sextanertische, wachte über die Essitten und brachte sie denen bei, die solche zu Hause nicht ausreichend gelernt hatten. Wenn das Essen zu Ende war, ging der Aufsicht führende Erzieher zu der Hausdame, flüsterte ihr etwas ins Ohr, worauf zunächst sie und dann die ganze Schule aufstand. Auf unsere Frage, was denn der Erzieher ihr sage, bedeutete man uns, dass man einer Dame das Aufstehen nicht kommandieren könne (was ohne ihre Anwesenheit geschehen würde), sondern dass man sie zu bitten habe, die Tafel aufzuheben.

Die Hausdame trat dann wieder im letzten Schuljahr während der Tanzstunde in Erscheinung. Wir wurden vorher in Gruppen von sechs oder sieben Schülern zu ihr nach Hause eingeladen, mussten in »Galauniform« (lange schwarze Hose mit Goldbiese, Braunhemd – im Urlaub trugen wir auch ein weißes Hemd –, schwarzer Schlips und HJ-Waffenrock) erscheinen, um während eines bescheidenen Essens unsere Tischsitten notfalls einer Korrektur unterziehen zu lassen. Übrigens gab es Napolas, wo die Betreuung durch eine »Heimmutter« erfolgte. Ich bin sicher, dass dieser Unterschied in der Terminologie Rückschlüsse auf das Selbstverständnis der Schule zuläßt.

Ich wüsste gerne noch mehr über eure Freizeitbeschäftigungen. Was habt ihr beim vorher erwähnten Ausgang gemacht, seid ihr ins Kino gegangen oder ins Café?

Beides. Meistens hing das vom Geld ab.

Bekamt ihr ein Taschengeld?

Ja, und zwar gestaffelt nach Alter. Für dieses Taschengeld mussten die Eltern neben dem Erziehungsbeitrag zwölf Reichsmark monatlich auf ein in der Schule für jeden einzelnen Schüler geführtes Sonderkonto einzahlen. Die Höhe des Taschengeldes weiß ich nicht mehr. Ich glaube, in der Oberstufe waren es fünf Reichsmark im Monat; eine Flasche Coca-Cola kostete damals, ebenso wie ein Stück Buttercremetorte, 20 Pfennig.

Es gehörte zu den pädagogischen Zielen der Erziehung, alle sozialen Unterschiede zwischen den Schülern zu verwischen.

Das ist übrigens vollständig gelungen und hat meine Einstellung zu so genannten Klassenunterschieden nachhaltig in dem Sinne beeinflusst, dass mich diese Unterschiede weder im Studium noch später im Berufsleben interessierten. Wer zusätzlich Geld von zu Hause bekam oder mitbrachte, musste mit einem Verweis von der Anstalt rechnen. Wir halfen uns damit, dass wir möglichst alles, was wir selbst kaufen mussten (Zahnpaste, Seife, Schulhefte, Tinte etc.) von zu Hause mitbrachten. Ich erinnere mich, dass ich einmal als Quintaner sonntags 1,10 Reichsmark auf den Kopf gehauen hatte, was mir vier Wochen Ausgangssperre eintrug. – In den ersten drei Jahren mussten wir über alle Ausgaben ein Kontobuch führen, das regelmäßig kontrolliert wurde.

Das Kino gehörte auch zu unseren Vergnügen. Allerdings gab es in dem einzigen Kino von Diez sonntags am Nachmittag immer einen Wildwestfilm, was mir auf die Dauer zu langweilig wurde.

Spätestens in der Mittelstufe (13 bis 16 Jahre) kamen Lesen und Schachspielen als Freizeitbeschäftigung hinzu. Bei schönem Wetter sind wir auch einfach in der Stadt oder in der Umgebung spazieren gegangen.

Ich könnte noch viele Einzelheiten erzählen, aber die sind belanglos und sagen nichts über die Erziehung in einer Napola aus. Unsere Freizeitbeschäftigungen dürften sich kaum von denen anderer Internatsschüler (in der damaligen Zeit!) unterschieden haben.

Mich interessiert besonders, wie dieser Anstaltsdienst auf euch gewirkt hat. Du sprachst vorher davon, dass er den Charakter geformt habe.

Das ist vielleicht ein wenig zu stark formuliert. Jedenfalls hat der Anstaltsdienst auf den Charakter eingewirkt.

Auch hier muss ich wieder betonen, dass ich für andere nicht sprechen kann. Wir wissen, dass ein und dieselbe erzieherische Maßnahme sogar bei Geschwistern sehr unterschiedliche Auswirkungen zeigen kann. Dies vorausgeschickt, möchte ich sagen, dass mich der Anstaltsdienst positiv beeinflusst hat und dass dies auch für die Mehrzahl meiner Mitschüler (keinesfalls alle) gelten dürfte.

Schon vorher wies ich darauf hin, dass viele junge Menschen, insbesondere ausgeprägte Individualisten oder Künstlernaturen, nicht auf ein Internat und schon gar nicht auf eine militärisch ausgerichtete Internatsschule gehören. Für sie kann der Besuch einer solchen Schule zum Martyrium werden. Mir hat hingegen dieser Anstaltsdienst ein gewisses Selbstbewusstsein gegeben (das mir in der Unterstufe fehlte), und zwar ohne dass ich irgendwann zu leiden gehabt hätte.

Über die Selbsterziehungsmechanismen in einem Internat hatten wir schon gesprochen. Ich möchte nur noch auf einen Gesichtspunkt hinweisen, der für unsere Anstalten typisch gewesen sein dürfte. Wir hatten unter den Schülern eine interne Hierarchie, deren Rangabzeichen den preußischen Kadettenanstalten entlehnt war. Der Stubenälteste war ein »Jungmann-Gruppenführer« (bei den Kadetten: Kadettengefreiter) und trug eine gelbrot gedrehte Kordel auf seiner (bei uns) blauen Schulterklappe. Für die ganze Klasse (bei uns »Zug« genannt) gab es einen »Jungmann-Zugführer« (Kadettenunteroffizier), der eine etwa zwei Zentimeter breite gelbe Litze mit dünnem rotem Strich auf seiner Schulterklappe trug. An der Spitze gab es zwei »Jungmann-Hundertschaftsführer«, einen für die »Hundertschaft« der Unterstufe, einen für die »Hundertschaft« der Mittel- und Oberstufe (Kadettenunteroffizier und Kompanieführer) mit roter Litze und gelbem Strich.

Entschuldige bitte, ich musste das ausführlicher schildern, sonst wird nicht deutlich, was ich sagen möchte. Erstens hatten diese mit einem Dienstgradabzeichen geschmückten Schüler nur gewisse Ordnungsfunktionen, keine besonderen Kompetenzen; sie wurden von ihren Mitschülern nicht (jedenfalls bei uns) als Vorgesetzte betrachtet. Gleichwohl, sie mussten sich bei der einen oder anderen Gelegenheit in ihrer Stube, ihrem Zug oder ihrer Hundertschaft durchsetzen. Das konnte deswegen schwierig werden, weil sie – jedenfalls in Oranienstein – über keinerlei Sanktionsmöglichkeiten verfügten. Sie konnten letztlich ihre Aufgaben nur erfüllen, wenn sie von ihren Mitschülern anerkannt wurden. Für mich ist sicher, dass ich auf diese Weise frühe Erfahrungen in der Menschenführung machen konnte – selbstverständlich ganz unbewusst.

Den zweiten Gesichtspunkt möchte ich die »Relativierung der Person des Vorgesetzten« nennen. Beispiel: Für die Hundertschaft der Älteren stellte die Oberprima, jede Woche wechselnd, den »Jungmann vom Dienst«, der seine Mitschüler u.a. morgens zu wecken hatte und vor dem Essen zum Mittagsappell antreten ließ, um die Hundertschaft dem »Zugführer vom Dienst« zu melden. Es stand also jede Woche ein anderer Schüler vor der Hundertschaft und führte das Kommando, ein Kommando, dem die Litzen- und Kordelträger, die im normalen Dienstbetrieb das Kommando führten, zu gehorchen hatten. Dadurch hat jeder Schüler gelernt, unbefangen vor vielleicht einhundert seiner Mitschüler zu stehen und das Kommando zu führen. Ich glaube ferner, dass dieses Verfahren der ständigen Rotation bei mir mit dafür verantwortlich ist, dass ich später Vorgesetzte, weder beim Militär noch in der Wirtschaft, als Wesen höherer Art angesehen habe, sondern ganz unbefangen als Mitmenschen, denen, aus welchen Gründen auch immer, zu Recht oder zu Unrecht, gewisse Funktionen mit Leitungsbefugnis zugewiesen worden waren. Beim

Militär wurde ich einmal von einem Hauptfeldwebel gerügt, weil ich gelegentlich eine »seltsame Art« hätte mit Offizieren zu sprechen; ich hatte mich ganz einfach während einer zwanglosen Unterhaltung über ein waffentechnisches Problem in einer Pause lässig an den Panzer gelehnt und nicht ununterbrochen strammgestanden; ich wusste ja, in spätestens zwei Jahren bin ich auch Leutnant.

Ich muss gestehen, es fällt mir schon schwer, diese sehr unterschiedlichen Auswirkungen eurer Erziehung zu verstehen. Man kann es wahrscheinlich nur so erklären, dass mitunter beabsichtigte Wirkungen der Erziehung nicht eintraten, hingegen unbeabsichtigte Folgen die Schüler stärker prägten als vorgesehen. Einerseits solltet ihr gehorchen und führergläubig sein, andererseits solltet ihr selbständig denken und selbstbewusste Persönlichkeiten werden.

Den Erfolg dieses letzteren Teils unserer Erziehung bekam ausgerechnet Dr. Weiß im wahrsten Sinne des Wortes schmerzlich zu spüren. In den Anfangsjahren von Oranienstein verpasste Dr. Weiß im Zorn während des Unterrichts einem Oberprimaner eine Ohrfeige. Ehe er den Arm gesenkt hatte, kam die Gegenohrfeige auf seine Backe – mit ziemlicher Kraft, wie man uns erzählte. Beide, Lehrer und Schüler, beschwerten sich beim Anstaltsleiter, der anschließend dem Lehrer erklärte: »An Stelle des Jungmann X hätte ich nicht anders gehandelt.« – Jahre später (1943) ging Dr. Weiß in aggressiver Haltung auf einen Schüler meiner Klasse zu, blieb aber in respektvollem Abstand vor ihm stehen, nachdem der Schüler (unser bester Sportler) in aller Ruhe gesagt hatte: »Wagen Sie es nicht, mich anzufassen.« Ich möchte diese Vorgänge nicht weiter kommentieren. Sie sollen lediglich zeigen, dass die Erziehung zum Gehorsam zwar wichtig, aber nicht alleiniges Prinzip einer militärähnlichen Schulordnung war. In meinen Aufzeichnungen aus dem Deutschunterricht habe ich noch Stichworte zu dem Thema Gehorsam gefunden. Danach sollten wir unterscheiden zwischen »Kadavergehorsam« (z.B. bei den Jesuiten) und dem »intelligenten Gehorsam« eines preußischen Offiziers.

Du hast mir vorhin noch ein Stichwort für eine weitere Frage zum Anstaltsdienst gegeben. Du sprachst von »Selbsterziehungsmechanismen in einem Internat«. Gehörte dazu auch das Verprügeln eines missliebigen Mitschülers durch seine Klassenkameraden? Man hört doch immer wieder von solchen jugendlichen »Strafgerichten«, die zum Teil mit einer ziemlichen Brutalität ausgeübt wurden.

Zunächst möchte ich sagen, dass solche »Strafgerichte« keine für eine Napola typische Erscheinung waren. Man kannte sie schon im preußischen Kadettenkorps. Übrigens sind ja englische Internate berüchtigt für die Härte, mit der ältere Schüler ihre jüngeren Mitschüler behandeln, besonders bei Mutproben, die von ihnen verlangt werden.

Diesen »Heiligen Geist«, wie man solche, meist nächtlichen Aktionen allgemein nennt, habe ich persönlich nicht miterlebt, nicht aktiv und gottlob auch nicht passiv.

Obwohl ich von konkreten Einzelfällen in anderen Klassen unserer Schule nichts weiß, bin ich sicher, dass derartige »Strafgerichte« auch bei uns stattgefunden haben. Ich muss in diesem Zusammenhang einen Vorfall in meiner Klasse erwähnen, der zu diesem Thema gehört. Um es gleich zu sagen, ich tue das nicht gerne, weil ich unser damaliges Verhalten – auch mein eigenes – aus heutiger Sicht keinesfalls billigen kann.

Unser Mitschüler S. war als Auslandsdeutscher aus Südafrika vor Kriegsausbruch zu uns gekommen. Wie bei vielen Auslandsdeutschen in unserer Schule, die ja aus einer völlig anderen Welt kamen, gab es Integrationsprobleme. Aber das lief bei S. recht gut, bis der arme Kerl einen Hautausschlag bekam. Wir reagierten mit Abgrenzung und verpassten ihm einen Namen, den ich hier nicht wiedergeben möchte. Verprügelt wurde er nie. Durch unser Verhalten muss er jedoch unter einem permanenten psychischen Stress gestanden haben. Die Situation spitzte sich zu, nachdem es Anzeichen dafür gab, dass S. uns bestohlen hatte. Zu seinen in Südafrika gebliebenen Eltern konnte er nicht zurückkehren. Schließlich gelang es unserem Anstaltsleiter, seinen Kollegen von der Napola Bensberg zu überreden, den Schüler S. zu übernehmen.

Nun war einer unserer Mitschüler als Sextaner für ein Jahr in Bensberg gewesen, kannte also die Klasse, in die S. jetzt aufgenommen werden sollte. In unserem Auftrag schrieb er einen Brief nach Bensberg und warnte seine früheren Mitschüler vor S., der nicht auf eine Napola gehöre. Du kannst dir vielleicht ausmalen, was der Bensberger Anstaltsleiter, nachdem er Kenntnis von unserem Brief erhalten hatte, seinem Oraniensteiner Kollegen am Telefon sagte. Nicht ausmalen kannst du dir, was wir von unserem – völlig zu Recht – zornigen Chef zu hören bekamen, dessen elegante Lösung des Problems wir zunichte gemacht hatten. S. kam prompt zurück.

Gottlob wurde nach wenigen Tagen eine andere Lösung (Heimschule) gefunden. Der Fall schien erledigt – bis wir nach einigen Tagen durch einen Zufall entdeckten, wo S. die uns gestohlenen Sachen versteckt hatte. Das Schlimme an diesem Fall war, dass wir uns S. gegenüber – mindestens anfangs – schäbig benommen hatten, uns aber gleichwohl als Helden fühlen durften, weil es uns gelungen war, einen »Unwürdigen« von der Napola fernzuhalten.

Hattet ihr viele Auslandsdeutsche in eurer Napola?

Nicht sehr viele. Wir hatten noch zwei Mitschüler aus Südamerika in meiner Klasse. Einer von ihnen war der Sohn eines sehr wohlhabenden Kaffeehändlers in Santos, Brasilien. Ich erinnere mich noch, wie er uns erzählte, dass die Zuschauer im brasilianischen Kino schallend gelacht hätten, als sie in einer Wochenschau deutsche Soldaten bei einer Parade im Stechschritt an Hitler vorbeimarschieren sahen. Wir hörten fassungslos zu und konnten nicht begreifen, was es da zu lachen gab.

Arbeit auf dem Bauernhof und im Bergwerk

Wir sollten jetzt den Anstaltsdienst im engeren Sinn verlassen und uns Aktivitäten zuwenden, die auch Bestandteil der Erziehung in einer Napola waren.

Beginnen wir mit der Arbeit in der Landwirtschaft, die wir im Alter von 14/15 Jahren für die Dauer von sechs bis acht Wochen, selbstverständlich in den Ferien, zu absolvieren hatten. Meine Schulklasse bezog im Jahre 1941 Quartier in einer Umgebung, die uns nicht nur mit der Landwirtschaft in Berührung brachte. Wir kamen zu einem etwa 2 500 Morgen großen Gut, das zu dem katholischen Missionshaus in St. Wendel im Saargebiet gehörte. Beide Einrichtungen waren von der Gestapo beschlagnahmt und geräumt worden, angeblich wegen der Herstellung staatsgefährdender Schriften in der Druckerei des Missionshauses. Das Missionshaus war eine Internatsschule der katholischen Kirche, zu der auch Externe Zugang hatten. Mit Aufbauhilfe von Oranienstein wurde das Missionshaus später in eine Napola umgewandelt.

Wie habt ihr euch in dieser Umgebung gefühlt?

Wir wohnten im Verwaltungsgebäude des Gutes in großen Schlafräumen unter dem Dach und amüsierten uns über die mit hohen Bretterwänden versehenen Betten der Mönche, in denen wir jetzt schliefen. Mit dem etwa zwei Kilometer entfernten Missionshaus und der dazugehörigen Kirche hatten wir nichts zu tun. Das Gut wurde von einem Landwirtschaftsinspektor geleitet. Einige Mönche arbeiteten noch in ihren früheren Funktionen, von uns respektlos »Bruder Elektriker« oder »Bruder Schweinehirt« genannt. Ausgenommen von dieser Namensgebung war Bruder Willigis, der Vorarbeiter, der uns zur Arbeit einteilte und auch bei uns einen gewissen Respekt genoss.

Ja, wie haben wir uns in dieser Umgebung gefühlt? Zunächst muss ich sagen, dass die tägliche Arbeit im Vordergrund stand. Obwohl ausgezeichnet sportlich trainiert, schmerzten uns am ersten Abend (und später) alle Glieder und Knochen. Ich musste beispielsweise während der ganzen ersten Woche den im Winter von den über 100 Schweinen des Gutes zu einer steinharten Masse gestampften Mist auf Wagen verladen, von wo aus andere ihn auf den Feldern verstreuten. An zweiter Stelle rangierte, angesichts der schweren Arbeit verständlich, das Essen, das bei uns aber immer eine große Rolle spielte. Wenn dann auch noch das Schlafbedürfnis gestillt war, wurde gelegentlich über das Gut und sein Schicksal gesprochen, allerdings sehr an der Oberfläche. Wir wussten natürlich, dass die katholische Kirche unserem Führer und seiner Bewegung nicht das größte Wohlwollen entgegenbrachte und hatten schon vorher von unerlaubten Schriften sowie angeblichen Devisenschiebungen durch Kleriker gehört. Die berüchtigten Schauprozesse (von uns natürlich nicht als solche erkannt) gegen katholische Kleriker lagen erst wenige Jahre zurück. »Ohne Judas, ohne Rom wird erbaut Germaniens Dom« – so hieß es damals.

Am meisten beeindruckte uns eigentlich der stets gütige und verständnisvolle Bruder Willigis, was ihn jedoch vor gelegentlichem Schabernack von unserer Seite nicht bewahrte. Nach einigen Tagen der Eingewöhnung schlichen wir mitunter nach dem Abendessen auf die Orgelempore der kleinen, zum Gutshaus gehörenden Kapelle, um dem Abendgottesdienst der vier oder fünf Mönche des Gutes zu lauschen – ohne ihn je zu stören. Wenn ein Mitschüler später das kleine Weihwasserbecken, das die Mönche vor Eintritt in die Kirche benutzten, mit Tinte auffüllte, dann würde ich das heute nicht mehr als einen harmlosen Streich bezeichnen.

Rückblickend muss ich sagen, dass dieser Landdienst keine tiefen Spuren bei mir hinterlassen hat. Ich bin recht froh, die Arbeit auf dem Land und das Funktionieren eines Gutes einmal selbst miterlebt zu haben – nicht mehr und nicht weniger.

Wenn ich mich richtig erinnere, musstet ihr auch in einem Bergwerk oder in einem Betrieb der Eisenhüttenindustrie arbeiten.

Ja, das geschah im folgenden Jahr, also im Alter von 16 oder 17 Jahren. Wir, d.h. meine Schulklasse, verbrachten die Sommerferien des Jahres 1942 (bis auf eine Woche) in Holzappel, einer kleinen Gemeinde zwischen Diez a. d. Lahn und Bad Ems, also in unmittelbarer Nähe unserer Anstalt. Dort befand sich eine Bleigrube, die wegen Unwirtschaftlichkeit Ende 1939 geschlossen werden sollte, dann aber wegen des Rohstoffmangels im Krieg weitergeführt wurde. Während vor dem Krieg aus gesundheitlichen Gründen nur 6,5 Stunden am Tag gearbeitet wurde, durften wir »Hermann-Göring-Schichten« mit 8 Stunden täglich fahren. Und das auf 1100 m bis 1200 m Tiefe bei einer konstanten Temperatur von über 30° C. Zwar gibt es in einer Bleigrube im Gegensatz zur Kohlezeche keine gefährlichen Explosionen, dafür aber ist Blei giftig, was wir alsbald an den vielen Furunkeln, die wir bekamen, spürten.

Wir arbeiteten und wurden entlohnt als Lehrhauer, wohnten bei den Familien der Bergleute und mussten Kost und Logis selbst von unserem Lohn bezahlen. Gearbeitet wurde von 6 Uhr früh (Beginn der Einfahrt) bis 14 Uhr (Beginn der Ausfahrt).

Bei der geschilderten Tiefe der Stollen dauerte die Fahrt natürlich ziemlich lange. Der Gerechtigkeit wurde dadurch Genüge getan, dass bei der Einfahrt nummerierte Marken in der Reihenfolge der Ankunft am Förderkorb ausgegeben wurden, so dass mittags zuerst ausfuhr, wer morgens als Erster da gewesen war.

War die Arbeit sehr schwer für euch?

Deine Frage könnte ich fast ironisch auffassen. Natürlich war die Arbeit sehr schwer, besonders für uns. Nicht umsonst bekamen wir während dieser Zeit, in der alle Lebensmittel rationiert waren, Schwerstarbeiterzulagen. Und selbst das reichte oft nicht aus.

Ich erinnere mich noch, vor diesem Einsatz im Bergwerk hatten wir Pläne geschmiedet: Um 15:00 Uhr könnten wir nach Schichtschluss zu Hause sein, uns umziehen, etwas essen und dann geht's auf per Fahrrad nach Bad Ems ins große Vergnügen – was immer sich jeder von uns darunter vorstellte. Die Wirklichkeit sah so aus, dass wir vom ersten Tag an nach unserer Rückkehr von der Arbeit entweder todmüde ins Bett fielen oder an einen am Ortsrand gelegenen kleinen See gingen, uns erfrischten und dann im Schatten schliefen. Ich bin niemals in Bad Ems gewesen.

Kannst du die Arbeit unter Tage etwas ausführlicher schildern, damit auch ich würdigen kann, wie schwer sie war?

Also, spätestens um 5 Uhr mussten wir aufstehen, dann kam Katzenwäsche mit kurzem Frühstück und um 5:30 Uhr war Abmarsch zur Zeche, die wir nach etwa zwei Kilometern Fußmarsch erreichten, ausgerüstet mit vier großen Brotschnitten, reichlich mit Wurst und Käse belegt sowie einer Blechkanne mit Ersatzkaffee. Wenn alles klappte, hatten wir gegen 6:30 Uhr unsere Sohle erreicht. Der Kumpel, dem ich zugeteilt war, überreichte mir am ersten Tag zwei je 1,90 m lange

Stahlbohrer, die mittels einer Zündschnur zusammengebunden an meiner Schulter hingen. Wir mussten etwa einen Kilometer über die Schwellen von Gleisen marschieren, was insofern einiges Geschick erforderte, weil ich stolperte, sobald ich nach oben schaute, um nicht mit dem Kopf an die Tragebalken zu stoßen. Richtete ich hingegen meinen Blick nach unten, um nicht zu stolpern, stieß ich garantiert alsbald mit meinem Kopf gegen einen dieser Balken. Nach etwa einer halben Stunde Fußweg erreichten wir eine circa 40 m messende, senkrecht nach oben führende Stahlsprossenleiter (»Fahrt« genannt), die es nun hinaufzuklettern galt. Das war auch nicht ganz einfach, denn mit einer Hand musste ich die Stahlbohrer festhalten, mit der anderen die Karbidlampe und irgendwie musste ich mich ja auch an der Fahrt festhalten sowie meine Brote mit dem Kaffee nach oben befördern.

»Oben« – das war für die nächsten drei Wochen mein Arbeitsplatz. Die Arbeitsteilung mit meinem Kumpel war einfach: Er bohrte mit den Bohrstangen neue Sprenglöcher und ich beseitigte das von der vorigen Schicht herausgesprengte Gestein. Das hieß, die kleinen Brocken mittels einer dreieckigen Kratze zusammenscharren und die großen Brocken mit einem Vorschlaghammer (wie bei »haut den Lukas«) zerkleinern. Alles wurde dann mit einer Art großem Kehrblech in kleine Wagen, die Loren, geladen, die einige Meter bis zur nächsten Kippstation, der Rutsche, geschoben und dann geleert wurden. Wenn du zwischen zwölf und fünfzehn solcher Loren gefüllt und ausgekippt hast, und das bei bis 32° C, dann weißt du, was schwere Arbeit ist.

Nach drei Wochen besserte sich meine Lage. Ich wurde zum Stempelsetzen abgestellt, d.h. zu einer bei weitem nicht so anstrengenden Arbeit auf der Hauptsohle. Wir mussten dort morsch gewordene Holzträger (»Stempel«) durch neue ersetzen.

So interessant die konkrete Schilderung deiner Arbeit ist, ich möchte gerne mehr über das Umfeld eurer Tätigkeit erfahren. Wie seid ihr mit den Kumpels ausgekommen, wie mit den ausländischen Zwangsarbeitern und den Kriegsgefangenen? Und wie war das Leben in den Familien der Bergleute?

Wieder werde ich versuchen, deine Fragen möglichst mit Beispielen zu beantworten.

Also, die Kumpel. Sie wussten, wer wir waren. Das war insofern unproblematisch, als wir nicht die ersten Oraniensteiner waren, die dort arbeiteten. Sie wiesen uns in die Arbeit ein und wir versuchten es so gut wie möglich zu machen, wohl wissend, dass es gefährlich sein konnte, dem Rat der stets wesentlich älteren Kumpel nicht zu folgen. Das galt in doppelter Hinsicht, nämlich bezogen sowohl auf einen Rat bei Ausführung der Arbeit als auch auf einen Rat hinsichtlich des Verhaltens in der Gemeinschaft unter Tage. In den ersten Tagen hatte einer meiner Mitschüler einmal eine irgendwie unpassende, leichtfertige Bemerkung gemacht. Bei dem täglich gemeinsamen Warten auf die Ausfahrt unterhielten sich daraufhin die Kumpel über die verschiedenen Möglichkeiten, Unbotmäßige zur Räson zu bringen. Wer gut zuhörte, verspürte gewiss keine Lust, mit den geschilderten Verfahren nähere Bekanntschaft zu machen.

Ich erfuhr gleich am ersten Tag eine Überraschung. Als ich auf die Frage, woher ich käme, antwortete: »Wiesbaden«, schauten einige der Anwesenden meinen Kumpel grinsend an und meinten, dort habe er doch zwei Jahre im Gefängnis gesessen. Sodann wurde der ganze Fall ausführlich erörtert. Es stellte sich heraus, dass es um die Vergewaltigung einer 72-jährigen Frau gegangen war. Vor uns wurde nun lang und breit erörtert, ob das relativ geringe Strafmaß mit dem Alter des Opfers zusammenhing oder ob mein Kumpel sich nicht doch besser eine Jüngere hätte aussuchen sollen.

Höhepunkt unserer siebenwöchigen Tätigkeit war der »Atzeldienst«. Eine Atzel ist eine etwa 1,20 m hohe, oben mit einem hölzernen Rand versehene Blechtonne, die unter Tage das WC ersetzt und die folglich, wenn randvoll, geleert werden muss. Dies zu vollziehen ist »Atzeldienst«. Zwei Mann, d.h. im vorliegenden Fall ein Kumpel und einer von uns, schleppten die gut gefüllte Tonne auf einen offenen Wagen, begleiteten sie bis zum Förderkorb und fuhren dann mit ihr aufwärts. Nach Erreichen des Tageslichts mussten Wagen und Tonne etwa 300 m auf schmalen Schienen durch die Landschaft geschoben werden, damit sie am Rande einer Halde durch Umkippen (mit der Hand) geleert werden konnte. Der Kumpel vergaß nicht uns zu ermahnen, Zweige eines Strauches mitzunehmen, damit man gut nachwischen könne. Für den Atzeldienst gab es zwei Reichsmark zusätzlich sowie ein früheres Ende der Arbeitszeit an diesem Tag. Es fiel auf, dass unsere Kumpel sehr darauf bedacht waren, beim Atzeldienst keinen ihrer Eliteschüler zu vergessen.

Wie hat auf euch das Familienleben der Bergleute gewirkt, bei denen ihr einquartiert wart?

Dazu kann ich aus eigener Erfahrung nichts sagen, da ich mit einem anderen aus der Klasse bei einer Witwe wohnte, deren einziger Sohn im Feld war. Ernsthafte Schwierigkeiten meiner Mitschüler sind mir nicht bekannt geworden; man hat sich offensichtlich gut arrangiert. Von der Witwe, bei der ich wohnte, wurden wir geradezu mütterlich betreut.

Ich möchte nicht verschweigen, dass der eine oder andere Mitschüler in den Familien mit Situationen des Ehelebens konfrontiert wurde, deren pädagogischer Wert von der Inspektion der Napolas sicher nicht einkalkuliert worden war. Das Leben ist eben immer reichhaltiger, als viele Ministerialbeamte es sich vorstellen können.

Wie seid ihr mit den ausländischen Zwangsarbeitern beziehungswei-
se den Kriegsgefangenen zurechtgekommen? Wussten die, wer ihr
wart?

Die letztere Frage kann ich nicht beantworten, ich weiß nicht,
ob sie wussten, wer wir waren. Unmittelbar haben wir auch
nicht mit ihnen gearbeitet. Die Kontakte beschränkten sich auf
die Wartezeit vor der Ausfahrt und das gemeinsame Duschen
in der Waschkaue nach Schichtschluss. Am ersten Tag stand ich
unter einer der zahlreichen Duschen und versuchte mich ein-
zuseifen, als der Mann vor mir sich umdrehte und sagte:
»Kamerad, Buckel.« Erst nach einiger Zeit begriff ich, dass ich
dem Russen den Buckel einseifen sollte; der Mann hinter mir
hatte schon ohne lange zu fragen mit der gleichen Prozedur an
meinem Buckel begonnen. – Unangenehm ist mir in Erinnerung, dass eines Tages einer meiner Mitschüler zu einem
Russen sagte: »Ich nix Kamerad, ich pan« (Herr). Ich kann mich
nicht erinnern, dass wir darüber diskutiert hätten, ich weiß nur,
dass niemand von uns diesem Beispiel folgte.

Auch das allgemeine Schicksal dieser ausländischen Arbeiter
war kein Diskussionsthema. Das heute zu erklären ist schwierig. Es war keine menschliche Gleichgültigkeit, denn bei einem
Unfall in der Grube hätte es bei Rettungsarbeiten mit Sicherheit
keinen Unterschied zwischen deutschen und ausländischen
Arbeitern gegeben. Unter Tage und vor Ort sind alle gleich –
die in diesem Grundsatz zum Ausdruck kommende Solidarität
unter Bergleuten ist in der Grube Lebensgesetz. Außerdem
beurteilt nach meiner Erfahrung der Mensch seine Umwelt und
das Wohl und Wehe seiner Mitmenschen stets vor dem Hintergrund seiner eigenen, konkreten Situation. Wenn ich hungere,
ist vergleichsweise wenig Raum für Mitleid mit meinem
Nachbarn, der ebenso hungert. Wir schrieben damals das Jahr
1942 und der Krieg hatte schon viele Tote, Verwundete und
Deportierte in ganz Europa gefordert. Jene Ausländer, die ohne

Bedrohung durch Luftangriffe oder andere Kriegshandlungen unter uns lebten, befanden sich aus unserer damaligen Sicht in relativ nicht so schlechten Verhältnissen, wie es heute den Eindruck erweckt. Um nicht missverstanden zu werden: Ich versuche heute zu erklären, warum wir damals so und nicht anders dachten. Wir haben nicht erlebt, dass Zwangsarbeiter misshandelt wurden oder durch mangelnde Ernährung geschwächt waren. Von gegenseitigem Hass zwischen den deutschen und den ausländischen Arbeitern haben wir nie etwas verspürt.

Wie beurteilst du heute das Erlebnis dieses Bergwerkseinsatzes?

Es war sicher der härteste Teil meiner Ausbildung in der Napola. Ich habe noch Jahrzehnte später gelegentlich vom Bergwerk geträumt. Aber das waren keine wirklichen Angstträume, sondern Träume, in denen ich in einem Bergwerk arbeitete (oder arbeiten sollte), wogegen ich mich stets verzweifelt wehrte.

Aber wie immer, wenn es vorbei ist, war es gar nicht so schlimm. Vielleicht sollte ich es so beschreiben: Ich möchte diese Lebenserfahrung keinesfalls wiederholen, ich möchte sie aber auch nicht missen. Wenn ich später im Beruf niemals Schwierigkeiten im Umgang mit Arbeitern, insbesondere auch Betriebsräten hatte, so ist das vielleicht teilweise auf meine damaligen Erfahrungen im Bergwerk zurückzuführen.

Schüleraustausch mit den USA und England, Ungarnreise 1942

Damit können wir dieses Kapitel abschließen und uns einer anderen Aktivität in eurer Schule zuwenden, auf deren Schilderung ich besonders neugierig bin. Du hast am Rande schon einmal den Schüleraustausch mit England und den USA erwähnt. Ich kann mir nicht vorstellen, dass es so etwas im Deutschland Hitlers gegeben hat und schon gar nicht an einer Napola.

Das ist in der Tat ein interessantes Kapitel unserer Ausbildung, wobei man auch hier nicht vergessen darf, dass dieser Austausch nicht der Entwicklung unserer individuellen Persönlichkeit diente, sondern die Napolas besonders attraktiv machte und damit auch Teil einer großen Verführung war.

Der Schüleraustausch mit dem Ausland reicht in die Gründungsmonate unserer Napola zurück. Eine erste kleine Gruppe fuhr im Februar 1935 nach England. Im gleichen Jahr besuchten zwei weitere Gruppen dieses Land. Gleichzeitig gingen die ersten zwei Schüler unserer Anstalt für mehrere Monate in die USA. Übrigens bestand in den ersten Jahren (und nur kurzfristig) auch ein Austauschprogramm mit Jugoslawien, allerdings nur mit dem kroatischen Volksteil.

Es ist schon faszinierend, heute die Briefe unserer Schüler nachzulesen, die sie zwischen 1935 und 1939 aus dem Ausland an die Anstalt schrieben und die in der Anstaltszeitschrift abgedruckt wurden. Aber solche Einzelheiten sprengen den Rahmen unseres Gesprächs. Beginnen wir mit den USA. Unsere Partner waren die »Pre-Military Academies«. Zwei Amerikaner besuchten jeweils für circa neun Monate unsere Schule und lebten in der Oberprima. Sie waren voll in Unterricht, Schule und Anstaltsdienst integriert und nahmen an allen Veranstaltungen teil. Sie trugen unsere wenig schöne olivgrüne Anstaltsuniform, allerdings ohne HJ-Armbinde.

Was habt ihr dabei gedacht?

Eigentlich nichts, wie so häufig. Damals hieß es noch, der Nationalsozialismus sei kein Exportartikel; folglich war es für uns selbstverständlich, dass Ausländer auch keine Armbinde mit dem Hakenkreuz trugen. An die letzten beiden Amerikaner, die bis zum Beginn der Sommerferien 1939 bei uns waren, erinnere ich mich noch recht gut. Einer von ihnen soll amerikanischer Jugendmeister im Zehnkampf gewesen sein. Er startete bei vielen Wettkämpfen für unsere Schule und gewann eine Menge Preise. - Einer meiner älteren Mitschüler traf ihn nach dem Kriege als Brigadiergeneral des US Marine Corps wieder.

Im Gegenzug hielten sich zwei Schüler unserer Anstalt für neun Monate in einer der US Academies auf. Über ihre Erlebnisse und Eindrücke kann ich aus eigener Erinnerung nichts sagen. Ich weiß lediglich noch, dass einer von ihnen als großer Held zurückkehrte, weil die Academy ihn in ihr Footballteam aufgenommen hatte.

Zeitweilig hatten wir auch einen amerikanischen Lehrer in Mathematik, der uns partout die Regeln des Baseballspiels beibringen wollte und mit dem man über Zensuren regelrecht feilschen konnte, was wir mit Vergnügen taten.

Wie verlief der Austausch mit den Engländern, waren die berühmten Public Schools eure Partner?

Ja, das war so. Unser Austauschpartner war in erster Linie Harrow, die Schule, die Winston Churchill besucht hat, und gelegentlich auch Eton. Die letzte Gruppe besuchte uns Pfingsten 1939. Sie wurde von zwei Lehrern begleitet und führte ein gewisses Eigenleben. Die englischen Schüler wohnten in separaten Räumen, schliefen länger und erhielten ein wesentlich besseres Frühstück als wir.

Während ihres Aufenthaltes bei uns fanden Sportwettkämpfe in Fußball, Rudern und Fechten statt. Dass die Engländer gute Fußballspieler waren, wussten wir. Dass sie aber auch sehr gut fechten konnten, hat uns verblüfft. Wir haben viele Fechtwettkämpfe verloren und den letzten 1939, bei dem ich Zuschauer war, nur deswegen gewonnen, weil ein norddeutscher Jugendmeister im Fechten kurz zuvor in unsere Anstalt aufgenommen worden war.

Gab es auch hier Gegenbesuche?

Sicher, meist in Form eines gemeinsamen Zeltlagers in England oder Wales während der Sommerferien, das dann mit einem Kurzbesuch der Partnerschule endete.

Während des Zeltlagers fanden gemeinsame Wanderungen statt, gelegentlich auch Liederabende. Für die Deutschen gab es englischen Sprachunterricht. Morgens wurden englische Zeitungen gelesen und anschließend gemeinsam diskutiert.

Bei dem abschließenden Besuch der englischen Schule amüsierten sich unsere Schüler über Gehrock und Zylinder ihrer englischen Altersgenossen. Das war doch ein überzeugender Beweis für die traditionsgebundene, rückwärts gerichtete Lebensart der englischen Oberschicht, der wir stolz unsere fortschrittlich kurzen Hosen mit halb nackten Beinen gegenüberstellen konnten.

Kamen dabei auch politische Themen zur Sprache?

Selbstverständlich, Gespräche über Politik waren nach dem Sport wichtiger Bestandteil dieser Zeltlager. Die Wirtschaft spielte dagegen keine Rolle, denn sie kam in unserer gesamten Ausbildung von Sexta bis Oberprima nicht vor.

Aber dann müssen deine älteren Mitschüler doch erkannt haben, was im Deutschland Hitlers los war, haben sie denn nach ihrer Rückkehr keine kritischen Fragen gestellt?

Weit gefehlt, die kamen gestärkt in ihrer Weltanschauung mit dem Bewusstsein zurück, einer Idee zu dienen, der die Zukunft gehört.

Das kann ich beim besten Willen nicht verstehen.

Deswegen habe ich es auch ein wenig provozierend formuliert. Um das Ganze zu verstehen, muss man wissen, dass es in den dreißiger Jahren einige sehr deutsch- und hitlerfreundliche Zeitungen in Großbritannien gab, an der Spitze die altehrwürdige »Times«. Sie schrieb übrigens einmal über die Napolas, dass diese prächtigen Schulen ein *»weiterer Nagel auf dem Sarg der deutsch-englischen Feindschaft«* seien.

Unsere Lehrer brauchten dann nur zwei deutschfreundliche und zwei antideutsche Zeitungen vorzulegen, um zu zeigen, dass weite Kreise in England Verständnis für das neue Deutschland und den Führer hätten, was ja auch tatsächlich der Fall war. Andere Zeitungen stünden hingegen noch unter dem Einfluss der jüdischen Hetze gegen Deutschland oder würden sogar von Juden geleitet. Letzteren Zustand zu ändern sei eine Frage der Zeit. Wir müssten Geduld mit unseren englischen Vettern haben, sie seien durchaus auf dem richtigen Weg, wie die ständig mächtiger werdende Bewegung von Sir Oswald Mosley zeige.

Wer war dieser Sir Oswald Mosley?

Er war der aus einer angesehenen englischen Familie stammende Führer der britischen Faschisten, der 1937 oder 1938 große Schlagzeilen mit dem Versuch eines Marsches seiner Schwarzhemden durch Londons Arbeiterviertel (East End) machte. Politisch hat er in seiner Heimat nie eine ernst zu nehmende Rolle gespielt.

Ich muss hier zum besseren Verständnis darauf hinweisen, dass in den dreißiger Jahren die parlamentarische Demokratie und die Unternehmerwirtschaft nicht nur in Deutschland kritisch gesehen wurden, wobei die Demokratie in England sicher noch auf dem solidesten Fundament stand.

Kehren wir zum Thema Auslandsreisen zurück. Du hast ja an dem geschilderten Austausch nicht teilgenommen, weil du zu jung warst. Vor einiger Zeit hast du mir einmal etwas von einer Reise nach Ungarn während des Krieges erzählt. Hing das mit der Napola zusammen?

Ja, aber um dies zu schildern, muss ich etwas ausholen.

Im Frühjahr 1939 kam ein Junge sozusagen als Seiteneinsteiger in unsere Klasse (Untertertia). Er war ein netter Kerl, durchschnittlich in Schule und Sport, sehr kameradschaftlich. Erst Monate danach erfuhren wir, wen wir in unsere Reihen aufgenommen hatten: Adolf W. aus Stuttgart, das erste Patenkind Adolf Hitlers, der diese Patenschaft bereits im Jahre 1924 übernommen hatte. Die Gründe sind mir nie ganz klar geworden. Angeblich war der Vater unseres Mitschülers ein ganz enger persönlicher Freund Hitlers und ist 1924 ermordet worden.

Nachdem wir im Laufe des Jahres 1943 mit unserer Einberufung rechnen mussten, wollten vier meiner Mitschüler und ich noch etwas erleben und wenigstens einmal ein anderes Land sehen. Über die Napola ging das nicht, weil die Klasse über uns zur gleichen Zeit eine offizielle Italienreise unternahm. Als Alternative bot sich Ungarn an. Das Land war mit dem Deutschen Reich befreundet und nahm an seiner Seite am Krieg gegen die Sowjetunion teil. Ungarn war aber damals noch ein in jeder Hinsicht souveräner Staat, in dem beispielsweise die Juden unbehelligt lebten.

Wie sollten wir nach Ungarn gelangen? Weder hatten wir Zugang zu den erforderlichen Devisen, noch wussten wir, wie wir Pass und Ausreisevisum (das brauchte man damals als demnächst Wehrpflichtiger) beschaffen sollten. Da kam einer von uns auf die Idee unseren Mitschüler Adolf einzuschalten. Und das Wunder geschah: Es klappte.

Es führt zu weit, Einzelheiten zu erzählen. Adolf schrieb einen Brief an seinen Patenonkel über den NSKK-Gruppenführer Bormann, den Bruder des berüchtigten Martin Bormann. Mit diesem Brief baten wir um Unterstützung unseres Vorhabens, vor allem auch finanzieller Art. Auf der Basis einer groben, jedoch ziemlich großzügigen Rechnung sprachen wir von 250 Reichsmark pro Person. Diese Summe erhielten wir anstandslos, aber gleich in Form von auf ungarische Forint lautenden Schecks. Wir hatten bei dem erbetenen Betrag die Kosten der Bahnfahrt eingeschlossen und konnten natürlich mit den auf Forint ausgestellten Schecks keine deutsche Fahrkarte kaufen. Auf unsere Bitte erhielten wir telegrafisch das gesamte Fahrgeld in Reichsmark zusätzlich, wodurch wir in Ungarn wie die Fürsten in den besten Hotels leben konnten, was wir auch taten.

Ein Detail muss ich erzählen. Wir bekamen mit dem Landratsamt in Diez a. d. Lahn Schwierigkeiten wegen des Ausreisevisums. Adolf und ich fuhren daraufhin mit der Bitte um Hilfe

zur Gauleitung der NSDAP in Frankfurt. Dort zeigten wir den Brief Bormanns vor (auf des Führers Briefpapier: Führerhauptquartier, den ...) und Adolf zog seinen Taufschein aus der Tasche, den ich mir anschließend genau betrachten konnte. Da stand auf einem leicht vergilbten DIN – A5 – Blatt:
1. Pate : Hitler, Adolf, Schriftsteller, München
2. Pate : Ludendorff, Erich, General der Infanterie a. D.

Unserer Beschwerde war binnen einer halben Stunde abgeholfen. Ich hatte meine erste Lektion über den Wert persönlicher Beziehungen erhalten.

Es folgte eine wunderschöne, zehntägige Reise von Ödenburg über Raab nach Budapest, der Stadt, die ich seitdem liebe und mehrfach wieder besucht habe. Damals waren wir über den Adolf-Hitler-Platz geschlendert, später ging ich an derselben Stelle über den Karl-Marx-Platz.

Das sind ja schon interessante Geschichten. Kannst du ganz kurz noch etwas über euren Aufenthalt in Budapest sagen?

Wir waren dort etwa fünf Tage, besuchten die üblichen Sehenswürdigkeiten, wurden von dem deutschen Gesandten von Jagow empfangen und besuchten mittels seiner Empfehlung die ungarische Kriegsakademie, die Ludovika, wo wir mit einigen Offizieren nach einem herrlichen Essen mit viel Wein auf das Wohl unserer Völker tranken. Erwähnenswert ist der letzte Abend. Unser Reiseleiter, der ungarische Fechtlehrer unserer Schule, wollte uns etwas Besonderes bieten. Erst gingen wir in ein großes Tanzlokal, wo sich eine zeitgemäße Tanzkapelle mit einem Zigeunerorchester abwechselte und wo viele deutsche Offiziere verkehrten.

Dann, so gegen 22 Uhr, wechselten wir in ein Etablissement von einer Art, wie wir noch keines von innen gesehen hatten, eine Nachtbar. Ich habe eine Erinnerung an dunkles grünblaues Licht, schwere Samtvorhänge und einen Geruch von Parfüm und Alkohol, wie ich ihn später als Kellner in einem amerikanischen Soldatenclub wieder erlebte. Unser Reiseleiter erklärte uns trocken und kommentarlos, dass diese Bar der Treffpunkt der jüdischen Finanzwelt von Budapest sei, was wir mit gemischten Gefühlen, dessen stärkstes die Neugier war, zur Kenntnis nahmen. Als der dunkelhäutige Kellner uns sagte, es seien einige Damen in der Bar, die gerne mit uns tanzen möchten, war es um unseren Mut geschehen. Wir trauten uns nicht, lehnten höflich ab und beendeten dieses einmalige Erlebnis mit einem Schluck Rotwein auf das Wohl unseres Führers, der uns die Reise nach Ungarn und damit auch den Besuch dieser Nachtbar ermöglicht hatte.

Abschließend muss ich noch erwähnen, dass Adolf vor der Rückreise noch seine schöne Kamera (Geschenk von Onkel Adolf) versilbern musste, weil wir kein Geld mehr für die Taxifahrt zum Budapester Bahnhof hatten. »Versoffen habt's,« war der kurze Kommentar unseres Fechtlehrers.

Was ist aus Adolf W. geworden?

Er fiel als Angehöriger der Leibstandarte im Sommer 1943 am ersten Tag seines Fronteinsatzes.

Danach

Das war ein in mehrfacher Hinsicht interessanter Bericht, mit dem wir die Schilderung eurer Ungarnreise abschließen können.
Bevor wir uns dem letzten Teil unseres Gespräches zuwenden, der sich mit dem Schicksal der Napola – Schüler nach 1945 beschäftigen wird, möchte ich eine hiermit zusammenhängende Frage stellen. Ich kann doch gewiss davon ausgehen, dass ihr euch ohne Ausnahme freiwillig zum Kriegsdienst gemeldet habt.

Ja, das kannst du.

Man hört häufig, dass wegen des Einflusses der SS auf eure Schulen sich besonders viele Schüler zur Waffen-SS gemeldet hätten.

Das stimmt allenfalls relativ, nicht in absoluten Zahlen. Ich muss diese durchaus wichtige Frage ausführlich beantworten, weil sie mehrere Aspekte aus der Zeit meiner Jugend enthält.

Junge (und ältere) Menschen der heutigen Zeit können sich wahrscheinlich nicht vorstellen, welche Faszination Uniformen und Orden auf meine Generation ausübten, nicht nur auf die Schüler der Napolas und nicht nur in Deutschland. Das waren Vorstellungen, Werte und Traditionen, die ohne den ausgeprägten Nationalismus im 19. und in der ersten Hälfte des 20. Jahrhunderts nicht denkbar gewesen wären. Leider bedurfte es offenbar der Schrecken des Zweiten Weltkrieges, ehe hier wenigstens in einigen Ländern ein Wandel eintrat.

Was die Orden anbetrifft, waren auch Menschen im reiferen Alter mit hohen militärischen Rängen so fasziniert davon, dass manche von ihnen bedenkenlos Menschenleben opferten, weil sie, wie wir damals sagten, »Halsschmerzen« hatten (Sehnsucht nach dem Ritterkreuz, das um den Hals getragen wurde); ich möchte aber diese Bemerkung keinesfalls verallgemeinern, das waren Einzelfälle.

Manche meiner Mitschüler meldeten sich zur Luftwaffe, weil sie glaubten, dort am ehesten als Jagdflieger persönlich zu Ruhm und Ehren zu gelangen. Nachher waren es diejenigen, die besonders früh gefallen sind, häufig schon beim ersten Einsatz.

Für die Auswahl der Waffengattung waren manchmal ganz banale, geradezu lächerliche Gründe maßgebend. So wollte einer meiner Mitschüler nur deswegen zur Luftwaffe gehen, weil dort die Offiziere für gesellschaftliche Anlässe einen besonders schicken Frack tragen konnten. Dann gab es in einzelnen Schulklassen etwas, was man heute »Modetrends« nennen möchte, mal für die Marine, mal für das Heer oder (leider auch) die Waffen-SS.

Haben die verschiedenen Waffengattungen nicht intensiv bei euch geworben?

Geworben ja, intensiv wäre übertrieben. Die Marine war besonders großzügig. Sie lud meine Klasse zu einem dreiwöchigen Segellehrgang in die frühere Bayrische Yachtschule für Mädchen in Prien am Chiemsee ein. So lernte ich im Kriegsjahr 1942, wie eine Privatyacht einen fremden Hafen anzulaufen hat, welche protokollarischen Besuche zu absolvieren sind und was Kapitän und Mannschaft bei den verschiedenen Gelegenheiten zu tragen haben. Wir wurden auch darüber belehrt, dass es unseemännisch sei, ein Grammophon an Bord eines Segelschiffes zu haben, von lauten Begrüßungsrufen von Schiff zu Schiff ganz zu schweigen. So haben wir mitten im Krieg noch das Segeln gelernt, angespornt durch Seemannsverpflegung mit 800 Gramm Fleisch in der Woche gegenüber der

Normalration von vielleicht 250 Gramm. Die Ausbeute war für die Marine niederschmetternd: Einer von unserer Klasse wollte seit eh und je zur Marine, blieb dabei – und kein anderer kam hinzu.

Die übrigen Waffengattungen schickten junge Offiziere im Majors- oder Hauptmannsrang, alle selbstverständlich mit dem Ritterkreuz dekoriert, zu Werbevorträgen in unsere Schule. Nur die Waffen-SS schickte zwei: Einen mit Ritterkreuz und einen mit Brille und Kriegsverdienstkreuz 2. Klasse. Der Ritterkreuzträger sprach von Tapferkeit und vom Endsieg, der Brillenmensch vom politischen Soldaten. Ich habe das Fazit seines (sehr raffinierten) Vortrags in Erinnerung: wer zur See fahren will, der geht zur Marine, wer fliegen will, geht zur Luftwaffe. Das ist in Ordnung. Wer beides nicht will, hat die Wahl. Entweder er ist ein ganzer Kerl, dann geht er zur Waffen-SS, oder er ist ein Schlappschwanz, dann geht er eben zum Heer. Das hat dieser Mensch natürlich so nicht gesagt, aber so ist es bei mir (und nicht nur bei mir) haften geblieben.

Was war das Resultat?

Meiner Antwort muss ich etwas vorausschicken. Aus unserer Anstalt hatte sich in zwei Abschlussklassen hintereinander kein Einziger zur Waffen-SS gemeldet, was in Berlin nicht unbemerkt geblieben war. Ein Erzieher hatte uns abgeraten uns zur Waffen-SS zu melden. Nicht etwa, wie du vielleicht vermutest, aus politischen Gründen. Nein, ganz einfach deswegen, weil er beobachtet hatte, dass Mitschüler häufig bei der Waffen-SS noch Unteroffiziere waren, während ihre Kameraden vom Heer schon stolz eine Leutnantsuniform trugen. Dieser Erzieher war kein anderer als der mehrfach zitierte Dr. Weiß. – Um deine Frage zu beantworten, dem SS Offizier mit der Brille war es im Verein mit dem Ritterkreuzträger in bescheidenem Umfang gelungen, Meldungen für die Waffen-SS zu erreichen.

Kannst du etwas darüber sagen, wie viele Napola-Schüler gefallen sind oder wie viele von deiner Klasse überlebt haben.

Wie du dir denken kannst, waren die Verluste unter den Napola-Schülern extrem hoch. Genaue Zahlen liegen meines Wissens nicht vor. Es gibt einen Brief von Heißmeyer an Himmler von Anfang 1944, in dem der Inspekteur mitteilt, dass etwa 1250 ehemalige Napola-Schüler gefallen seien. Geht man von der allgemeinen Erfahrung aus, dass ab Mitte 1944 mehr deutsche Soldaten ihr Leben verloren als während des Krieges bis zu diesem Zeitpunkt, verdoppelt also die genannte Zahl, dann kommt man annäherungsweise auf eine Gefallenenquote von – sehr grob geschätzt – 50%. Das ist keine belegbare Aussage, aber sie entspricht ungefähr den Zahlen der eigenen Schule und sogar denen der eigenen Schulklasse: 9 von 19 sind gefallen. Dazu muss man wissen, dass wir erst im Herbst / Winter 1943 einberufen wurden.

Damit haben wir den Übergang zum letzten Teil unseres Gesprächs über deine Jugend im Dritten Reich gefunden, zu der Frage, was geschah mit den Napola- Schülern nach 1945?

Hier muss ich zu Beginn ebenfalls sagen, dass niemand darüber eine auch nur einigermaßen gesicherte Aussage machen kann. Ich habe es stets bedauert, dass es keine auf statistische Erhebungen gestützte Untersuchungen zu dieser Frage gibt.

Einer meiner Mitschüler konnte wegen seiner Napola-Zugehörigkeit nicht studieren. Er wollte, wie sein Vater und sein Großvater, Tierarzt werden. Als er den zuständigen amerikanischen Universitätsoffizier fragte, warum er für die Entscheidung seines Vaters, ihn im Alter von zehn Jahren auf eine Napola zu schicken, heute mit einem Studienverbot bestraft würde, entgegnete der Amerikaner, die Sünden der Väter würden sich an den Kindern rächen. In dieser Weise über eine wichtige Frage der Ethik und der Sippenhaftung belehrt, begann mein Freund eine Metzgerlehre, legte in jungen Jahren seine Meisterprüfung ab und war nachher Leiter der größten Viehverwertungsgesellschaft in Norddeutschland. – In Südbaden hatte man es Carlo Schmid zu verdanken, dass Napola-Schüler nach langem Hin und Her wenigstens die höheren Schule bis zum Abitur besuchen durften.

Ich persönlich habe solche Erfahrungen nicht gemacht. Mit meinem Reifezeugnis der Napola Oranienstein wurde ich anstandslos in die Oberprima eines Heidelberger Realgymnasiums aufgenommen und konnte im Sommer 1946 mit einem zweiten Abitur die Hochschulreife erlangen. Die Zulassung zur Philosophischen Fakultät der Universität Heidelberg erwies sich indes als wesentlich schwieriger. Das lag weniger an meiner Vergangenheit als an der Tatsache, dass zum Wintersemester 1946/47 der Philosophischen Fakultät etwa zweitausend Bewerbungen vorlagen, denen ganze 250 Studienplätze gegenüberstanden. Ich will gestehen, dass das Glück, das mir so häufig in meinem Leben zur Seite stand, auch hier geholfen hat: Meine Schwester kannte aus ihrer Studienzeit im Kriege eines der studentischen Mitglieder der Zulassungskommission ...

Eigentlich verlief bei denjenigen, die ich kannte (mit Ausnahme des verhinderten Veterinärs), alles ziemlich normal. Man stellte sich auf die neuen Verhältnisse ein und nutzte die sich bietenden Möglichkeiten, mit oder ohne Studium. Die weitaus überwiegende Mehrheit meiner Mitschüler, das möchte ich laut und deutlich sagen, hatte alsbald erkannt, wie schändlich uns Hitler und seine Spießgesellen verführt und missbraucht hatten. Es hat Ausnahmen gegeben, die nur die Regel bestätigen.

Kannst du irgendetwas darüber sagen, ob es Berufe gibt, in die ehemalige Napola-Schüler vorzugsweise gegangen sind?

Nicht auf gesicherter Grundlage. Nach meinen persönlichen Beobachtungen sind verhältnismäßig viele »Ehemalige« in Lehrberufen und in der Wirtschaft tätig geworden. Unter ihnen gibt es bekannte Hochschullehrer und erfolgreiche Unternehmer beziehungsweise Manager ebenso wie Staatssekretäre beim Bund oder in den Ländern. In der Bundeswehr haben nach meiner Kenntnis nur relativ wenige ihr Glück versucht. Natürlich kenne ich auch einige Mitschüler, die nicht studieren konnten oder wollten und die in allen möglichen Berufen – meist ziemlich erfolgreich – gearbeitet haben.

Um es abschließend kurz zu sagen: Nach heutigen Maßstäben waren und sind wir keine Elite. Uns ist ein gutes Maß an Wissen vermittelt worden, das uns in unserem Leben, gleichgültig, welchen Beruf wir ergriffen, sehr hilfreich war. Es kam uns zu gute, dass die meisten von uns jung und intelligent genug waren, um den ideologischen Ballast der Jugend abzuwerfen. Und der viele Sport hat sich gewiss im Alter nicht als Nachteil erwiesen.

Die dritte Säule unserer Erziehung, der Anstaltsdienst, sollte ja, wie ich früher sagte, auf den Charakter einwirken. Er diente unter anderem der Vermittlung von Tugenden wie Pflichtbewusstsein, Fleiß, Zuverlässigkeit, Loyalität, Mut zur eigenen Meinung und Offenheit. Wichtiger war aus meiner Sicht die Einbindung in eine ordensähnliche Gemeinschaft, die uns sehr früh lehrte, den oft schmalen Grat zwischen Selbstbehauptung und Anpassung an die Gemeinschaft zu finden. Vielleicht haben diese Eigenschaften den einen oder anderen ehemaligen Napola-Schüler auf seinem Lebensweg gekennzeichnet. Man mag solche Tugenden heute als Sekundärtugenden abwerten. Nach meiner Meinung verlieren sie ihren Wert auch dann nicht, wenn sich die in der Jugend vermittelte und geglaubte Ideologie, der diese Tugenden dienen sollten, später als Lug und Trug, ja als Wahnsinn erweist.

Gibt es heute noch irgendeine Verbindung zwischen den ehemaligen Napola- Schülern?

Nein, die gibt es nicht und die hat es auch – bezogen auf die ehemaligen Schüler sämtlicher Napolas – zu keiner Zeit gegeben. Vielleicht ist das damit zu erklären, dass die Napolas in ihrem Alltag ein ausgeprägtes Eigenleben führten. Wir fühlten uns während der Schulzeit ebenso wie später in erster Linie als »Oraniensteiner«. Dieser NPEA Oranienstein galt unsere Loyalität, auf sie waren wir stolz und ihr durften wir keine Schande bereiten. Mit anderen Worten: In meinem Erleben war Oranienstein identitätsstiftend, nicht die Institution der Nationalpolitischen Erziehungsanstalten.

Es gab zwischen 1948 und 1960 gelegentliche Treffen der ehemaligen Oraniensteiner. Gegen Ende der fünfziger Jahre kamen immer weniger und eines Tages lohnte sich die Vorbereitung nicht mehr. Das Interesse war erloschen. Ich habe drei der frühen Treffen mitgemacht und blieb nach einer haarsträubenden Gedenkrede eines ehemaligen Erziehers den weiteren Treffen fern. – Ich weiß, dass ehemalige Schüler anderer Napolas in Kontakt miteinander stehen oder sich regelmäßig treffen.

Während sich eine ehemalige Oraniensteiner Klasse seit 40 Jahren jedes Jahr mit den Ehefrauen sowie mit der Witwe des im Kriege gefallenen Klassenlehrers trifft, gilt das für meine Klasse und, soweit ich weiß, auch für die anderen Klassen von Oranienstein nicht. Die Überlebenden meiner eigenen Klasse haben sich dreimal nach dem Krieg getroffen.

Eine letzte Frage: Was ist aus eurer Schule, d.h. dem Schloss Oranienstein, geworden?

Es diente nach dem Krieg den Franzosen, ich glaube, zunächst als Erholungsstätte für Kinder, dann als Unteroffiziersschule. Etwa 1955 übernahm es die Bundeswehr; sie allein hatte genügend Mittel in ihrem Etat, um das heruntergekommene Schloss zu restaurieren. Dann zog der Stab der 5. Panzerdivision in das Schloss: Heute beherbergt es den Stab einer Panzerbrigade. – Man kann übrigens nach vorheriger Anmeldung das ebenfalls im Schloss untergebrachte Heimatmuseum besichtigen und dabei einen recht guten Eindruck der Gesamtanlage gewinnen, in der ich fast sieben Jahre meiner Jugend verbracht habe.

Kannst du in einem Schlusswort ein Fazit dieser sicher außergewöhnlichen Jugendzeit ziehen?

Ich blicke heute auf eine Jugendzeit zurück, die zwar eine herausfordernde und gelegentlich harte, aber im damaligen Erleben vorwiegend ereignisreiche und häufig fröhliche Jugend war, stark geprägt durch ein intensives Gemeinschaftserlebnis, wie es heute nicht mehr denkbar (und vielleicht nicht mehr wünschenswert) ist. Dies geschah in einer Zeit und in einem Land, wo andere Verfolgung und Tod erlitten, wo, wie ich es einem norwegischen Freund einmal beschrieb, in den letzten Jahren gleichzeitig die Schornsteine von Auschwitz rauchten.

Man kann diese zwei Gesichter ein und desselben Landes nur verstehen, wenn man sich vor Augen hält, dass es einem verbrecherischen Regime mit Hitler an der Spitze gelungen war, den größeren Teil des deutschen Volkes zu verführen, vor allem mit einem Appell an seine durch den verlorenen Ersten Weltkrieg und den anschließenden Friedensvertrag gekränkten nationalen Gefühle. Diese Verführung wäre nicht möglich gewesen ohne die geradezu unvorstellbaren innen- und außenpolitischen Erfolge Hitlers in der ersten Jahren seiner Diktatur.

Im Rahmen der innenpolitischen Erfolge bot das Regime jedem etwas, den Arbeitern und den Unternehmern, den Generälen und den Beamten, den Bauern und den Handwerkern, den Sportlern und den Künstlern, vor allem aber der Jugend.

Wer verführen will, muss viel Verführerisches bieten. Mir wurde die Nationalpolitische Erziehungsanstalt Oranienstein in einer Zeit geboten, in der es für mich kaum eine bessere Alternative gegeben hätte. Ich kann also nicht sagen, diese Schule habe mir meine Jugend geraubt. Ob sie meinen Mitschülern die Jugend geraubt hat, vermag ich nicht zu beurteilen. Sicher ist jedoch, dass meinen gefallenen Mitschülern ihr Leben geraubt wurde, bevor es wirklich begonnen hatte. Es wurde ihnen geraubt von einem verbrecherischen Regime, das die Nationalpolitischen Erziehungsanstalten geschaffen hatte, um junge Menschen so zu erziehen, dass sie jederzeit bereit waren, für ihr Vaterland und damit auch für dieses Regime ihr Leben zu opfern.

Anhang zu H. G. Zempelin, »Des Teufels Kadett«

Literatur

Frühe Monographien:
- Horst Ueberhorst (Hrsgb.), Elite für die Diktatur, Droste Verlag, 1969
- Harald Scholtz, Nationalsozialistische Ausleseschulen, Vandenhoek 1973, ISBN 3-525-36156-4

Die Napolas in Büchern zur Zeitgeschichte (Auswahl):
- Kurt Zentner, Illustrierte Geschichte des Dritten Reiches, Südwest Verlag, München 1965
- Rolf Eilers, Die nationalsozialistische Schulpolitik
  in: Staat und Politik, Heft 4, Westdeutscher Verlag, 1963; Verl.Nr.053404
- Hans Jochen Gamm, Führung und Verführung, List Verlag München, 1964
- William Shirer, The Rise and the Fall of the Third Reich, 1973
- H. W. Koch, The Hitler Youth, Barnes and Noble Inc.1996, ISBN 0-88029-236-9

Spätere Monographien:
- Christian Schneider, Cornelia Stallke, Bernd Leineweber, Das Erbe der Napola, Hamburger Edition, 1996, ISBN 3-930908-25-5
- Christian Schneider, Reinheit und Ähnlichkeit, Anmerkungen zum psychischen Funktionieren ganz normaler deutscher Massenmörder, in: Mittelweg 39, Zeitschrift des Hamburger Instituts für Sozialforschung, 1998, ISSN 0941-6382

Neuere Veröffentlichungen:

- Klaus Montanus, Die Putbusser – Kadetten unter dem Hakenkreuz, edition fischer 1995, ISBN 3-89501-220-2
- Johannes Leeb (Hrsgb), Wir waren Hitlers Eliteschüler, Verlag Rasch und Röhring, 1996, ISBN 3-89136-686-8
- Harald Schäfer, Die letzten vier Jahre der Napola Oranienstein, R.G. Fischer Verlag, 1997, ISBN 3-89501-460-5
- Arnulf Moser, Die Napola Reichenau, Schriftenreihe des Arbeitskreises für Regionalgeschichte Bodensee e.V., Konstanz 1997, ISBN 3-7977-0380-5
- Joachim Gronau, Glocken, Ganter und Geschütze, Erinnerungen eines Ostpreußen., Verlag Heinrich Möller Söhne, 1990, ISBN 3-87550-122-5
- Peter Hinchcliffe, Schnaufer, Ace of Diamonds. A Biography of H.W.Schnaufer, Germany's Top - Scoring Night Fighter in World War II., Tempus Publishing Ltd. 1999
- Klaus Kleinau, Im Gleichschritt, marsch!, VSA – Verlag, Hamburg
- Guido Knopp, Hitlers Kinder, C.Bertelsmann, 2000, ISBN 3-570-00284-5
- Walter Becker, Erinnerungen an die Napola Naumburg, Verlag Lenover, Neustrelitz, ISBN 3-930164-58-2